LES

CORRESPONDANTS DE PEIRESC

III

JEAN-JACQUES BOUCHARD

LETTRES INÉDITES, ÉCRITES DE ROME, A PEIRESC

(1633-1637)

PUBLIÉES

AVEC NOTES ET APPENDICE

PAR

PHILIPPE TAMIZEY DE LARROQUE

PARIS

ALPHONSE PICARD, LIBRAIRE

RUE BONAPARTE, 82

M. D. CCC. LXXXI

Tiré à 125 exemplaires

AVERTISSEMENT

De tous les correspondants de Peiresc, Jean-Jacques Bouchard fut celui qui mérita le moins l'honneur de son amitié. Deux fois déjà je l'ai rencontré sur ma route. d'abord en m'occupant de Gassendi (1), ensuite en m'occupant de Chapelain (2), et deux fois j'ai dû le condamner très-sévèrement. Après avoir étudié de nouveau et de plus près que jamais son dossier, je n'ai rien à retirer de mes paroles de réprobation. J'ose même assurer qu'aucun de ceux qui voudront faire complète connaissance avec lui ne sera tenté de prendre son parti. Comment, en effet, pourrait-on songer un moment à plaider une aussi mauvaise cause ? Ce n'est pas seulement le malin Tallemant des Réaux qui dépose contre lui (3) ; c'est encore l'honnête Chapelain ; c'est surtout Bouchard lui-même qui s'accuse plus encore que tous ses

(1) *Documents inédits sur Gassendi* (Paris, 1877, grand in-8°, p. 315).

(2) *Lettres de Jean Chapelain*, (*Collection de documents inédits sur l'histoire de France*, Paris, 1880, in-4°, p. 67).

(3) Voir *lettres* déjà citées, pp. 430, 482, 511, 555, 561, 737. Chapelain confirme sur presque tous les points le témoignage de Tallemant des Réaux.

contemporains ne l'ont accusé. Dans une autobiographie dont le cynisme dépasse de beaucoup celui des *confessions* d'un autre Jean-Jacques, Bouchard a dévoilé ses bassesses, ses friponneries, ses débauches, ses infamies de tout genre, et l'analyse et les citations données de cet affreux document par M. Paulin Paris (1) ne justifient que trop le mot de *monstre* dont le savant académicien s'est servi pour caractériser le narrateur. Laissant de côté les turpitudes dans le récit desquelles Bouchard semble s'être complu, pareil à ces animaux qui se roulent avec délices dans la fange, je résumerai rapidement l'histoire de sa vie, que d'ailleurs on chercherait vainement dans tous nos dictionnaires biographiques d'autrefois et d'aujourd'hui, et sur laquelle les lettres qui suivent cet *Avertissement* jetteront encore un peu plus de lumière.

(1) *Historiettes*, tome VII, p. 161-163. Le manuscrit communiqué en 1850 par un bouquiniste à M. P. Paris est anonyme, mais l'habile érudit reconnut l'écriture de Bouchard, dont il avait vu quelques lettres à la Bibliothèque nationale. C'est sous la forme d'une sorte d'introduction à un journal de voyage de Paris à Rome, que Bouchard a écrit ses scandaleux mémoires. D'après une indication fournie par M. P. Paris en un autre passage de son Commentaire des *Historiettes* (tome IV, p. 197), le manuscrit aurait appartenu jadis à la riche collection Monmerqué. Sait-on ce qu'il est aujourd'hui devenu ? M. Müntz, bibliothécaire de l'Ecole des Beaux-Arts, a bien voulu m'apprendre que quelques pages autographes de Bouchard sont en sa possession, pages qui seraient la continuation de l'ouvrage signalé par M. P. Paris, car elles contiennent le récit d'un voyage de Rome à Naples. Espérons que M. Müntz nous fera connaître, un jour, des pages qui doivent être bien curieuses et que sa profonde connaissance des choses italiennes lui permettra de publier mieux que tout autre.

Jean-Jacques Bouchard naquit à Paris on ne sait trop en quelle année. Son père, Jean Bouchard, d'abord apothicaire, s'étant enrichi, acheta une charge de secrétaire du roi. La femme de Jean, Catherine Noyan, avait eu un fils de son premier mari, lequel fils, nommé Hulon (1), possédait, en Languedoc, le prieuré de Cassan, dont le revenu s'élevait bon an mal an, à huit mille livres de rente (2). Jean-Jacques, jaloux de la prospère situation de son demi-frère, paraît avoir voulu lui faire administrer un poison lent par son père (3). Ce dernier refusa d'appliquer à son beau-fils ses connaissances spéciales en chimie. Jean-Jacques, obligé de renoncer à la succession prématurée du prieur de Cassan, et ne trouvant à Paris aucun moyen de s'en consoler, résolut d'aller chercher fortune à Rome. Muni de lettres de recommandation de Gassendi et des frères du Puy pour Peiresc, il se rendit en Provence vers la fin de l'année 1630, et passa quelques jours chez leur illustre ami, dans sa maison de campagne de Belgentier (4). Peiresc, à son tour, le recommanda

(1) Sur Hullon, voir une note des *Lettres* de Jean Chapelain, p. 194-195.

(2) Sur le prieuré de Cassan, voir une note du même recueil, p. 526.

(3) M. P. Paris n'hésite pas (t. VII, p. 162) à regarder Bouchard comme « fort capable d'avoir conçu le projet d'empoisonnement que l'historiette nous révèle. »

(4) Belgentier est une commune du département du Var, canton de Solliès-Pont, arrondissement de Toulon, à 23 kilomètres de cette ville. M. P. Paris déclare (*ibid*). que Bouchard donne de

vivement à ses amis de Rome, et notamment aux cardinaux Antoine et François Barberin. Un peu plus tard, Chapelain écrivit en sa faveur au comte de Noailles, ambassadeur de France auprès du Vatican (1). Mais toutes ces démarches restèrent assez longtemps infructueuses, et Bouchard, qui fut le plus éhonté des solliciteurs, en fut aussi le plus malheureux. Prodiguant partout les importunités, il ne récoltait partout que les dédains. A Rome comme à Paris, on se moquait de l'âpre avidité avec laquelle il courait après tous les bénéfices vacants, non moins que de la puérile vanité avec laquelle il faisait subir toutes sortes de méta-

fort intéressants détails sur « les habitudes, la façon de vivre, les occupations ordinaires » de Peiresc.

(1) Voici les termes dans lesquels Chapelain appelait la bienveillante attention du comte de Noailles (lettre du 29 avril 1634, p. 67 du recueil déjà cité) sur Bouchard « que j'ay autresfois, « disait-il, » connu à Paris et qui depuis trois ou quatre ans est à Rome sur sa bourse. » — « Il est de très honneste condition, a l'esprit fort beau, et, à ce que j'entends, beaucoup d'habitude dans la cour romaine, où il s'est tellement pleu, que ses proches, qui le rappellent tous les jours, ne l'en ont peu encore tirer. » Conférez une lettre de Chapelain au comte de Fiesque, du 23 avril 1634 (*Ibid.* p. 67). On y voit qu'à la demande du comte de Fiesque, l'auteur de la *Pucelle* avait agi pour les intérêts de Bouchard auprès de l'abbé de Boisrobert, le favori du cardinal de Richelieu. Puisque j'ai nommé Richelieu, c'est l'occasion de rappeler, d'après M. Léopold Delisle *(Le Cabinet des manuscrits de la Bibliothèque nationale*, tome II, p. 205), que Bouchard, en 1639, offrit au grand ministre divers manuscrits aujourd'hui conservés dans le fonds latin sous les nos 16410, 16550, 16669, 16687 et 16696.

morphoses à son humble nom (1). Grâce à l'insistance de Peiresc, il fut enfin attaché à la maison du cardinal François Barberin en qualité de secrétaire des lettres latines, mais malgré toutes ses obsessions, le vil mendiant ne put jamais arriver à obtenir un de ces évêchés italiens qui avaient été l'objet de son incessante convoitise, et, après avoir reçu publiquement un châtiment ignominieux (2), il mourut à Rome (1642) (3), laissant la réputation

(1) Nous lisons dans Tallemant des Réaux (tome VII, p. 158) : « Il se disoit seigneur de Fontenay parce que son pere avoit je ne sçay quelle chaumiere dans Fontenay-aux-Roses. » L'auteur des *Historiettes* signale (p. 160) les railleries de Balzac (lettres familières à Chapelain) contre Jean-Jacques. J'ai cité quelques-unes de ces railleries dans une note des *Lettres* de l'auteur de la *Pucelle* (pag. 496). Voir (même page) les plaisanteries par lesquelles Chapelain riposte à celles de son ami. C'est un véritable feu roulant contre *Polyonimus*.

(2) Écoutons Tallemant (p. 160) : « Il eut des coups de baston pour s'estre meslé de dire quelque chose contre le mareschal d'Estrées, durant sa brouillerie avec le pape Urbain. » M. P. Paris (pag. 161) a rapproché du passage de Tallemant sur la bastonnade infligée à Bouchard, un passage d'une lettre de Henri Arnauld à Barrillon, du 18 mai 1641.

(3) D'après le *Chevaneana ou fragment de mélanges de M. Jacques Auguste de Chevanes* à la suite des *Mémoires historiques, critiques et littéraires par feu M. Bruys* (tome II, p. 350), Bouchard « mourut à Rome, de regret de n'avoir pu obtenir la place de secrétaire du conclave, parce qu'il ne put avoir l'agrément de l'ambassadeur de France. » J'objecterai que Bouchard étant mort avant le pape Urbain VIII, lequel quitta ce monde le 29 juillet 1644, le récit du *Chevaneana* est inacceptable. Le docte J. F. Boissonnade avait eu bien raison de dire (*Lucæ Holstenii epistolæ ad diversos*, Paris, 1817, in-8°, p. 213) : « *Chevanæus ejus mortis causam narrat, sed inaccuratius.* » L'avocat bourguignon était sans doute mieux informé quand il disait (même page) : « Il était un peu bizarre, et changeoit souvent de laquais. Mais en les chassant de

d'un homme dont la laideur physique (1) avait encore été dépassée par la laideur morale.

Comment un aussi odieux personnage réussit-il à conquérir et à garder la sympathie du vertueux Peiresc ? Le grand savant avait tant de bonté, tant de candeur, qu'il devait être bien facile de le tromper. Bouchard, adroit, rusé, insinuant, exploita perfidement ces trésors de candeur et de bonté. Il séduisit Peiresc par son esprit, qui était très-brillant ; il le séduisit plus encore par son érudition, qui était très-étendue (2). Enfin il flatta ses goûts de chercheur, ses goûts de curieux, en lui envoyant de Rome et de Naples les renseignements les plus divers, en lui communiquant les documents les plus précieux. Peiresc pouvait-il refuser son affection à celui qui mettait tant de zèle et de soin à le servir ? Derrière les investigations et les transcriptions du travailleur, disparaissait l'indi-

son service, il leur ôtoit toujours l'habit neuf qu'il leur avoit donné. »

(1) Tallament (p. 158) dit de Bouchard : « Il estoit fort laid, fort noir, » et il ajoute (p. 158) qu'il n'avait « pas trop mal la mine d'un sorcier. »

(2) Chapelain (*Lettres*, p. 195) écrit à Balzac, le 25 janvier 163?, que Bouchard « sçait à la perfection les langues et les autheurs de l'Antiquité, » que, « pour l'italienne, il vaut mieux que beaucoup de Florentins mesme. » Bouchard traduisit — mais avec peu de succès, s'il faut en croire à la fois Tallemant des Réaux (tome VII, p. 159) et Chapelain (*Lettres*, p. 699) — le célèbre ouvrage de Mascardi (*Conjiura del conte Giov. Luig. de Fieschi*, Venise, 1627). La traduction du « sieur de Fontenay-Sainte-Genevieve » parut à Paris, chez Camusat (1639, in 8°) : elle était dédiée « à monseigneur l'eminentissime cardinal de Richelieu. » Bouchard paraît avoir été surtout un excellent humaniste.

gnité de l'homme. Et ne sait-on pas, d'ailleurs, que les illusions des âmes généreuses ne sont pas moins tenaces que les préventions des cœurs aigris par la haine ?

On voudrait pouvoir croire que Bouchard, quand il prononça, le 21 décembre 1637, l'éloge solennel de Peiresc devant l'Académie des Humoristes, dont ils faisaient partie l'un et l'autre (1), et quand il publia, deux ans plus tard, le recueil des pièces funèbres composées en une quarantaine de langues pour honorer la mémoire de ce grand homme (2),

(1) *Laudatio funebris Claudii Fabri Peirescii, Senatoris Aquensis, a Joanne Jacobo Buccardo, Parisino*, (Venise, 1638, in-4°). Ce discours fut réimprimé à Rome, la même année, dans le *Monumentum romanum* (Voir la note suivante), et, l'année d'après, à Aix (in-4°). On le retrouve à la fin de la vie de Peiresc par Gassendi (Paris, 1641, in-4° ; la Haye, 1651, in-12, etc.), et dans les Œuvres complètes dudit Gassendi (Lyon, in-f°, tome V, 1658). De grands éloges ont été donnés à l'orateur par les deux principaux biographes de Peiresc, Gassendi (*liber sextus*, à l'année 1637,) et Requier (*Vie de Nicolas Claude Peiresc*, Paris, 1770, in-12, p. 347). Voir de moins favorables appréciations dans les *Lettres* de Jean Chapelain (Lettre à Godeau, du 21 octobre 1638, p. 307).

(2) *Monumentum romanum Nicolao Claudio Fabricio Peirescio Senatori Aquensi doctrinæ virtutisque causa factum* (Rome, typis Vaticanis, 1638, in-4°.) L'oraison funèbre de Peiresc par Bouchard y est précédée d'un *imprimatur* signé par Luc. Holstenius et qui est des plus flatteurs pour l'auteur et pour son héros. C'est dans la partie du recueil intitulée *Panglossia sive generis humani lessus in funere dilecti sui Nicolai Claudii Fabricii Peirescii*, que l'on trouve (p. 85-119) les pièces en diverses langues consacrées à la glorification de Peiresc. Voir sur le *Monumentum romanum* les passages déjà cités des livres de Gassendi et de Requier ; voir encore une lettre de Balzac à Chapelain où la *Panglossie* est jugée avec non moins de verve que d'ironie (*Œuvres*, édition de 1665, in-f°, tome I, p. 804). Chapelain lui aussi a parlé non sans une spirituelle gaité de la *Panglossie*, tantôt en s'adressant à Balzac,

on voudrait, dis-je, pouvoir croire qu'il tint à donner un double témoignage de reconnaissance à son ancien protecteur. Malheureusement, le caractère si bien connu de l'orateur, de l'éditeur, ne permet pas d'admettre d'aussi charitables suppositions. Bouchard, en ces deux circonstances, ne chercha que le bruit et l'éclat pour son propre nom; la gloire de Peiresc, si l'on me passe la familiarité de la comparaison, fut pour lui comme ce tremplin dont les sauteurs se servent pour leurs exercices de haute voltige. Ne lui sachons donc aucun gré de manifestations uniquement inspirées par les plus mesquines considérations d'amour-propre et d'intérêt personnel, et voyons uniquement dans l'organisation de la lugubre fête du 21 décembre 1637, dans l'éditeur du recueil de 1639, pour employer les expressions dont les Italiens durent si souvent user à son égard, le *commediante*, le *ciarlatano* (1).

TAMIZEY DE LARROQUE.

tantôt en s'adressant à Bouchard lui-même, auquel il dit, par exemple (*Lettres*, p. 359) : « Je suis espouvanté de ces 40 ou 50 langues dans lesquelles vous avez fait chanter la mémoire de vostre héros.. j'ay peur que vous ne m'ayez apresté à lire et à deschiffrer des vers en des idiomes que Panurge ne sçavoit pas. »

(1) Balzac et Chapelain peuvent encore être allégués ici. Le premier déclare (édition déjà citée, p. 805) qu'il ne peut souffrir que Bouchard « veuille faire un trafic » des devoirs de piété rendus à Peiresc. Chapelain (lettre du 21 août 1637, n° 482) s'élève plus vivemennt encore contre le procédé de Bouchard : « C'est saltimbanquer et jouer des gobelets que de prendre ces voyes extraordinaires pour faire parler de soi et aller à ses fins. »

LETTRES INÉDITES

DE

JEAN-JACQUES BOUCHARD

I

Monsieur, la precipitation du depart de la Barque dont je ne viens que d'estre averti tout à cette heure, m'empeche de vous pouvoir icy rendre compte avec la diligence que je desire des commissions qu'il vous a pleu me faire l'honneur de me donner dans vos deux dernieres lettres; c'est pour quoy j'attendray jusques au premier ordinaire à y respondre. Cependant je vous envoye icy une relation de l'embrasement du Vesuve (1)

(1) Feu M. Noël des Vergers, auteur de l'excellent article *Vésuve* de la dernière édition de l'*Encyclopédie moderne*, rappelle qu'en 1631 « le phénomène se renouvela avec une violence que probablement il n'avait pas eue depuis le dernier jour de Pompéi. » Cet érudit ajoute : « C'est là la première éruption dont nous ayons des détails exacts, enregistrés sur le lieu même par des auteurs contemporains. L'un d'eux, le Braccini, qui avait gravi la montagne quelques mois avant l'événement, nous la représente comme couverte de végétation jusque dans l'intérieur du cratère. Ce fut le 16 décembre, à la suite de plusieurs tremblements de terre, qui, depuis six mois, causaient des désastres en Campanie, qu'au lever du soleil on vit s'élever du cratère cet épais nuage de fumée précurseur ordinaire des éruptions volcaniques. Depuis une heure de l'après-midi jusqu'à sept heures du soir, le sol s'agitait à Naples de manière à faire craindre l'écroulement de toute la ville; puis, le jour suivant, à neuf heures du

laquelle je vous ay choisie entre une centaine que j'ay veües à Naples, comme la plus ample, la plus particuliere, et qui pourra principalement mieux qu'aucune autre vous resoudre les doutes que vous avés sur le vomissement des eaux que l'on pretend que cette montagne ait fait, *sed de his alias.*

Je vous envoye aussi le livre de M. Naudé qu'il m'a chargé de vous presenter de sa part, (1) et de plus vous

matin, le cratère s'affaissa, et recouvrit les pentes du Vésuve ainsi que la plus grande partie des plaines qui s'étendent de la base du mont à la mer. »

(1) C'était sans doute le *De studio liberali Syntagma* qui parut à Urbin en 1632 (in 4°) et reparut à Rimini, en 1633 (in 8°). Je ne dirai rien ici de Gabriel Naudé qui figurera prochainement dans ma petite galerie des *Correspondants de Peiresc.* Je constaterai seulement que Bouchard et Naudé furent très-liés et je reproduirai un sonnet que le premier composa en l'honneur du livre du second : *Considérations politiques sur les coups d'Etat* (Rome, 1639, in-4°). Voici ce sonnet qui jusqu'à ce jour semble être resté inaperçu :

A L'AUTEUR.

L'un s'esmerveillera de vous voir en jeunesse
Déjà tout posséder ce que l'antiquité,
Se travaillant sans fin dans son infinité
A peine a sçeu tirer des trésors de sagesse.

Un autre admirera l'héroïque hardiesse,
Dont voulant rétablir ici la liberté,
Vous combattez si bien contre la fausseté,
Mesme dedans la place où elle est la maistresse.

Bref dans vostre discours chacun admirera
Une diversité des merveilles qu'il a ;
Mais voici celle-là qu'entre autres j'ai trouvé :

C'est que sachant si bien le naturel des grands,
Leurs maximes et leurs coups, vous soyez si long-temps
Resté dans une vie innocente et privée.

Jac. Bouchard, à Rome ce premier de l'an 1639.

supplier de luy vouloir faire tenir à Paris à MM. du Puy à vostre commodité ces six autres exemplaires qui sont icy empaquetés. Nous avons commencé M. Holstenius et moy à chercher dans la Vaticane tout ce qui traite *de Ponderibus et Mensuris* (1) et en avons desja trouvé si grande quantité, que j'ay grand peur qu'elle nous nuise, au lieu de nous instruire ; au premier jour je vous en escriray la fin. Cependant, Monsieur, je vous veux supplier en cas qu'en cet entretemps l'Ambassadeur ordinaire qui doit venir icy, passast par chés vous, de vous ressouvenir de la promesse qu'il vous a pleu me faire de me procurer une place auprès de luy, (2) et vous en conjure, Monsieur, par tout ce que vous avés de plus cher en ce monde, c'est à dire par l'amour que vous portés à la vertu et le dessein perpetuel que vous avés d'aider touts ceux qui la suivent et la cherissent ; car mes parens commencent tout de bon à me rappeler et, sans vostre secours, ils me contraindront enfin de retourner et d'abandonner, en ce faisant, pour jamais mes estudes : touts autres pretextes de demeurer davantage à Rome ne les pouvant satisfaire. C'est dont vous prie de rechef, Monsieur, vostre, etc.

BOUCHARD.

A Rome, ce 18 fevrier 1633 (3).

(1) Peiresc s'occupait beaucoup de tout ce qui concernait les poids et mesures de l'antiquité. Il sera question des recherches de Bouchard et de son éminent collaborateur Holstenius, dans plusieurs des lettres suivantes.

(2) Cet ambassadeur était Charles de Créqui, prince de Poix, duc de Lesdiguières, pair et maréchal de France, etc. Il présenta ses lettres de créance au pape le 25 juillet 1633.

(3) Bibliothèque de la ville d'Aix, correspondance de Peiresc, tome II portant le n° 1020, f° 409, copie.

I

Monsieur, si MM. de Bossieu, (1) Videl (2) et Hugon n'estoient bien informés que vous ne pouvés faire que des fautes volontaires, et qui procedent d'un excès de bonté, ils se seroint, je m'assure, bien fort estonnés de ce que vous les avés adressé à une personne dont vous leur avés dit tant de bien dans Aix, et que depuis à Rome ils ont trouvée si impuissante et de si peu de consideration et de merite qu'ils n'en ont jamais pu tirer aucun service ny la moindre satisfaction, quoyque de mon costé j'y aye apporté toute l'affection et la diligence à laquelle j'aye creu que m'obligoint, Monsieur, les commandemens que vous me faites de servir ces Messieurs là, et laquelle est deüe sans doute à leur qualité et sçavoir extraordinaire : dont entr'autre M. de Bossieu a donné de si fortes preuves dans sa harangue, que nos Italiens qui pour l'ordinaire meprisent tout ce qui vient de delà les Monts, luy accordent, outre le titre d'Orateur, celui de docte et de judicieux (3). M. Videl, d'un autre costé,

(1) Denys de Salvaing, seigneur de Boissieu, naquit le 21 avril 1600 dans le château de Vourey, en Dauphiné, et mourut dans le même château le 10 avril 1683. Il fut premier président de la chambre des comptes de Dauphiné. Voir sur sa vie et ses ouvrages les livres ou notices de Chorier, de Lancelot et de M. de Terrebasse.

(2) Louis Videl, né à Briançon en 1598, mourut à Grenoble en 1675. Il fut successivement secrétaire des ducs de Lesdiguières, de Créqui et du maréchal de l'Hôpital.

(3) On lit dans le *Moréri* de 1759 (tome IX p. 167) : « M. de Crequi étant allé en ambassade à Rome, emmena avec lui M. de Salvaing de Boissieu, qui fut chargé de haranguer le pape Urbain VIII, et qui s'en acquitta d'une manière qui lui fit honneur, le 25 de juillet 1633. Sa harangue écrite en latin, a été imprimée à Rome même en 1633, in 4°, et la même année à Paris aussi in 4°. Pelletier et Videl ont traduit cette pièce en français. »

ayant fait voir quelques pièces de son Histoire (1) et quelques unes de ses lettres, s'est fait admirer de touts ceux qui ont les oreilles tant soit peu françoises. Quoyque touts ces Messieurs là me facent l'honneur de me tesmoigner tout plein de bonne volonté et de confidance, je ne les ay pas voulu neantmoins importuner d'aucune prière pour entrer chez M. le duc de Crequy, puisqu'il demeurera si peu à Rome, (2) outre que cela m'eut peu nuire dans la poursuite que je fais maintenant pour la place de Bibliothecaire de M. le Cardinal Barberin, vacante par la promotion de M. Suarès à l'Eveché de Vaison, (3) lequel M. Suarès a esté le premier à me donner avis, et me persuader d'aspirer à cette condition, et m'y ayde et favorise de tout son pouvoir, en ayant parlé desja lui mesme à M. le Cardinal, et fait encore parler par M. le Comte de Château-Vilain (4) et il Sig^r Cavalier del Pozzo(5), lesquels touts deux me font la faveur de m'aymer et me portent fort en cette affaire. Et je vous diray de plus, Monsieur, que c'est encore à l'instigation du mesme M. Suarès que je vous escrits tout cecy, lequel m'a conseillé que je vous priasse de me vouloir favoriser

(1) *Histoire de la vie du connestable de Lesdiguières* (Paris, Rocolet, 1638, in f°.)

(2) Le duc de Créqui ne passa que quelques mois à Rome. Son successeur, le comte François de Noailles, était déjà installé au palais de l'ambassade dès le printemps de l'année suivante.

(3) Joseph-Marie Suarès, le savant antiquaire, fut sacré le 21 juillet 1633. Il garda l'évêché de Vaison jusqu'en 1666. Il aura une place dans la série des *Correspondants de Peiresc.*

(4) François-Louis, comte de Châteauvillain, avait épousé Anne d'Aquaviva d'Aragon, fille de Jean François d'Aquaviva d'Aragon, duc d'Atri.

(5) Le cavalier del Pozzo, un des meilleurs archéologues du XVIIe siècle, était un des grands amis de Peiresc. On conserve dans la bibliothèque de l'école de médecine de Montpellier un volume rempli presque entièrement de lettres autographes écrites en langue italienne par Peiresc au cavalier del Pozzo.

d'un petit mot de recommendation là dessus à M. le Cardinal, non par lettre expresse, mais comme en passant, lorsque vous luy escrirés pour quelqu'autre sujet, m'ajoutant qu'il estoit à propos que je vous donnasse avis de la façon dont luy et MM. le Comte et le Cavalier avoint parlé de moy à M. le Cardinal affin que vous luy escrivissiés conformement à cela, en cas qu'il vous pleut me faire cette faveur. Ils luy dirent comme j'avois dessein de demeurer encore quelques années à Rome, et qu'estant contraint par mes parens qui me rapellent, de chercher un pretexte dans quelque honneste condition, je n'avois jamais voulu songer à prendre d'autre patron que Son Eminence, à laquelle je me reputerois heureux de pouvoir rendre quelque service dans la condition de Bibliothecaire qui se presente : et qu'au cas qu'il ne m'en jugeât pas capable, et qu'il n'y eut point d'autre place vuide en sa famille, il luy pleut de m'en vouloir faire donner une dans celle de M. son frere le Cardinal Don Antonio, affin de pouvoir effectuer le dessein que j'ay de suivre seulement la *casa di Barberini*. Ce sont les propres termes que ces trois Messieurs ont tenus de moy à M. le Cardinal et touts trois m'ont asseuré qu'il les ouit volontiers, leur repondant *che la loro propositione era molto a porpodito, et che ci hauria pensato, et ne voleva trattare a la larga col conte di Castelvi-lano*. M. l'Evesque de Digne (1) en parla aussi au Cardinal lorsqu'il estoit à Rome, et je me fairay peut estre encore recommander par M. de Crequi, si ces trois Messieurs en sont d'avis.

Je vous communique, Monsieur, d'autant plus volontiers ce dessein, que je voy qu'il ne s'esloigne pas des bons avis qu'il vous pleut me faire l'honneur de me donner,

(1) Cet évêque de Digne était Raphaël de Bologne qui siégea de 1628 à 1653. Voir sur son séjour à Rome en 1632-1633 le *Gallia Christiana* (tome III, col. 1135).

l'an passé, pendant que j'estois à Naples. Car si vous vous en souvenés, Monsieur, vous me conseillates alors de ne me pas rebuter pour quelques longueurs et froideurs que l'on me pourroit faire paroistre, et surtout de ne point choquer M. Suarès, comme j'étois lors réselu de faire, sans vos deffences, auxquelles je defferai tellement qu'estant de retour à Rome, ce fut la premiere chose à quoy je travaillay que de me mettre bien avant en ses bonnes graces, quoyque j'eusse beaucoup de degousts et passés et presents.

Dans ma derniere je vous priay, si vous aviés quelques habitudes auprès M. de Noüailles, qui vient Ambassadeur au mois de septembre, de me vouloir faire la faveur de me procurer quelque place auprès de luy; mon pere a l'honneur d'estre connu de luy, et le baron de Magalas, (1) qui est cousin de M. de Noüailles recherche à cette heure que je parle, ma sœur en mariage. (2) Je vous redouble encore icy la mesme priere et vous prie de le vouloir faire, encore bien que vous m'auriés fait la faveur d'escrire à M. le Cardinal Barberin pour l'autre affaire, affin que l'un venant à manquer, l'autre serve; que si tous deux manquent, je suis résolu de m'en aller à Constantinople tout au plus tard à ce printemps. Le P. Hiacynthe, Capucin, qui fait les affaires du P. Joseph, et qui est fort de mes amis, m'ayant assuré que sur les lettres que je porteray de sa part à M. l'Ambassadeur

(1) Les seigneurs de Magalas appartenaient à la maison de Narbonne.

(2) Henriette Bouchard, qui, si l'on en croyait la relation de son misérable frère, aurait été sa complice dans quelques-unes de ses intrigues, n'épousa pas M. de Magalas : elle se maria deux fois, comme nous l'apprend M. P. Paris d'après les dossiers du Cabinet des titres (*Historiettes*, t. VII, p. 162), d'abord avec Gaspard du Lac de Chemerolles, sieur de Courbanton, ensuite avec Charles de Saint-Quentin, gouverneur de Bourbourg.

Marcheville, (1) qu'il me donnera entretien chés soy tant que je voudray; sur quoy je desireroy, Monsieur, sçavoir vostre avis, et si vous jugés que je me doive fier là dessus, ou bien si lorsque je partiray, vous voulés me faire la faveur de me donner des lettres pour M. l'Ambassadeur en vertu desquelles je ne doute point que je ne puisse obtenir facilement cela, le mesme P. Hiacinthe m'ayant asseuré que la pluspart de ceux qui estoint allé avec luy s'en sont retournés.

Je rencontray l'autre jour un Jacobin qui vient de Perse, qui m'assura que M. de Marcheville faisoit bastir à Constantinople un fort grand palais qui luy reviendra à plus de cent mille escus.

Pour des nouvelles de Rome il y en a fort peu. M. le Duc de Crequi a infiniment contenté les Italiens par la magnificence qu'il a fait paroistre en ses entrées et cavalcades et dans la depence qu'il fait par jour qui se monte à mille ou douze cents livres; il travaille à cette heure puissamment à accomoder les différents d'entre le Pape et les Vénitiens pour ces terres polesinoise, mais le moine Benedictin qui fut pendu l'autre, jour, à Venise sans estre degradé, a un peu aigri nos Romains. Les trouppes qui sont venües à Milan, ne passent plus en Alsace comme l'on disoit, mais se retirent en diverses forteresses de la Lombardie pour faire quelque galanterie ce printemps, comme disent *li statisti*. Les nouvelles des livres ne sont en guere plus grand nombre; icy Leo Allatius qui (2) fait imprimer un catalogue de toutes

(1) Henri de Pournay, comte de Marcheville, nommé ambassadeur auprès de la Porte en 1630, était parti pour Constantinople en juillet 1631.

(2) L'article du *Dictionnaire critique* de Bayle sur Léon Allatius débute ainsi : Garde de la bibliothèque du Vatican, natif de l'île de Chio, est un des plus fameux écrivains du XVIIe siècle. Il était laborieux et infatigable, avide de manuscrits, doué d'une grande mémoire, très propre à rassembler des matériaux, etc. »

les œuvres de ceux qui ont esté à Rome depuis trente ans en ça où il y aura plusieurs curiosités. Le mesme fait imprimer à Lyon la vie d'Homère en quatre livres (1). A Venise M. Gaffarel (2) m'escrit que l'on va faire imprimer toutes les œuvres de Cremonin (3); qu'un certain Spinelli noble Venitien, a fait imprimer des dialogues *de Fato* fort estimés (4), et un certain Thomas Vaïra jeune homme allemand, a publié une histoire de Naples latine fort bonne (5).

Je vous envoye un petit livre que l'on estime assés, et que vous communiquerés, s'il vous plait, au bon M. Gassendi; à la première commodité, je vous envoyeray un autre livre plus gros intitulé *Joannis Camilli Gloriosi Exercitationum mathematicarum decas prima*; il a professé, vingt ans durant, les mathematiques à Padoüe, et est à cette heure retiré à Naples où j'ai fait amitié avec luy (6). L'on m'a envoyé aussi de Naples un autre livre intitulé

(1) Bouchard voulait sans doute parler du traité *De Patria Homeri*, qui parut à Lyon, en 1640, in-8°. Allatius y soutient avec un ardent patriotisme que le poète était natif de Chio.

(2) Jacques Gaffarel, né à Mane (Basses-Alpes), fut, pour citer encore Bayle, « l'un des hommes de lettres qui a fait autant parler de lui au XVIIe siècle. » Je donnerai quelques-unes de ses lettres inédites dans le recueil (plus haut annoncé) des lettres de son ami intime Gabriel Naudé.

(3) César Cremonini, philosophe et poète, mourut de la peste à Padoue, en 1631, à l'âge de 80 ans.

(4) Plusieurs Spinelli sont mentionnés dans les recueils biographiques, mais je n'y trouve pas l'auteur des dialogues indiqués par Bouchard.

(5) L'auteur du *Manuel du libraire* ne cite pas cette histoire de Naples.

(6) Jean-Camillo Glorioso, né à Naples en 1572, mourut dans cette ville le 8 janvier 1643. Outre les *Exercitationes* dont parle Bouchard, il publia divers traités d'astronomie, notamment un traité sur les comètes.

Congeminata Vox Turturis du Pere Gravina (1), où l'on dit que les Peres Jesuites sont villainement estrillés. Je vous envoyay à ce mois de février dernier, un pacquet de livres de M. Naudé, lequel j'ay appris que vous aviés receu non par vos lettres n'en ayant aucunes la dessus, ce qui m'a fait croire qu'elles s'estoint perdües, et vous supplier Monsieur, quand il vous plaira me faire l'honneur de m'escrire, de mettre tousjours mes lettres dans le pacquet de M. de Bonnaire. Je vous envoyay aussi par la mesme voye un discours sur l'embrasement du Vésuve qui aura pu esclaircir les doutes que vous me proposés là dessus dans vostre penultième.

Reste maintenant à vous rendre compte de ce que j'ay trouvé dans la Bibliothèque Vaticane *de Ponderibus et Mensuris* vous demandant pardon si j'ay esté si long temps à le faire : les grandes occupations que M. Holstenius a eües à faire les cartes de la Galerie de Belveder en ayant esté cause en partie. Voicy donc ce que nous avons trouvé :

Dans le manuscrit 296 à la fin il y a une page *de Ponderibus et Mensuris*. Il semble que ce soient des recueils pris de S. Augustin. Le manuscrit aura 500 ans.

(1) Il s'agit là du Père Dominique Gravina, religieux de l'ordre des Dominicains, mort à Rome le 26 août 1643, âgé de 70 ans, et auteur de divers ouvrages de théologie, notamment des *Catholicæ præscriptiones adversus omnes veteres et nostri temporis hæreticos* (Naples, 1619-1637, 4 vol. in f°). M. Weiss *(Biographie universelle)* donne d'excellents renseignements bibliographiques sur la querelle du Père Gravina et des jésuites. Le dominicain avait publié, en 1625, à Naples, sous le titre de *Vox turturis*, une apologie des religieux contre le *Gemitus columbæ* de Bellarmin. On répondit à Gravina par *Cave turturi male contra gementem columbam exultanti* (Munich, 1631), et ce fut à cette réponse que l'auteur de *Vox turturis* riposta par *Congeminata vox turturis* (Naples, 1633, in-4°), ouvrage qui fut réimprimé en 1638, sous un nouveau titre : *Resonans turturis concentus* (Cologne, in-4°.)

Dans le manuscrit 379 *Tractatus de Ponderibus secundum Hieronymum,* deux pages. Ce manuscrit est de 300 ans.

Dans le manuscrit 3321, à la fin du livre, où il y a un glossaire, il y a deux pages *de Ponderibus et Mensuris*, manuscrit de 800 ans.

Dans le manuscrit 3852, après divers opuscules de Beda, S. Hierome et S. Augustin, il y a huit pages *de Ponderibus et Mensuris et Signis Ponderum*, qui sont attachées à un fort long traité *de Gemmis.*

Item *Volusii Meciani de Ponderibus.* Je crois que toutes ces pièces sont imprimées ensemble dans un in-8° imprimé à Paris intitulé : *Priscianus Rhemnius Beda et Volusius de Ponderibus cum Scholiis Vineti* (1). *Hic desunt* 6 pages *S. Eucherii.*

Dans le manuscrit 3906 *incertus auctor Germanus de Ponderibus et Mensuris ad Episcopum Wormaciensem* escrit il y a environ 100 ans et dans le mesme volume il y a divers *excerpta ex antiquis Authoribus* et un amas d'observations d'Angelus Colotius (2), et il y en a 233 pages. Il semble que ce soient les vrais *Adversaria* de Colotius.

Dans le manuscrit 5395 *de Ponderibus et mensuris multa ab Angelo Collotio collecta sunt ipsissima Adversaria Colotii* escrits sans ordre. Il est in-folio et il y en a quelques 100 feuilles.

Dans le manuscrit 3895 *alia collectanea Colotii* in-folio, 50 feuilles.

Dans le manuscrit 4539 *De Asse et partibus Assis et partium figura* pag. 55 et 5 feuilles. Le manuscrit a 200 ans, prius *ex fragmento Arithmeticæ reperto Lugduni, idem mensurarum appellationes* page 70, 2 feuilles.

(1) Ce recueil du savant Élie Vinet parut en 1565.

(2) Ange Colocci, évêque de Nocera, mourut en 1515. Voir sur ce savant prélat un ample article du *Moreri*, tome III, p. 830, et un article moins étendu, mais très bien fait, dans la *Biographie universelle*, signé Ginguené.

Dans le manuscrit 4417 *De Ponderibus et mensuris nomina et notæ antiquæ* pag. 112. 3 feuilles. Le manuscrit a 500 ans.

Dans le manuscrit 4498 *Incerti Auctoris Christiani alicujus de Ponderibus et Mensuris*, 3 pages.

Dans le manuscrit 442 *Varii tractatus Medici, in quibus de Pond. et Mens.*

Dans le manuscrit 5245 à la fin en la page 201 *de Mensuris agrorum et rerum cæterarum* 2 pages. Il a 200 ans.

Voyla, Monsieur, bien de la matière. Vous nous manderés, s'il vous plait, quelle forme vous désirés que nous luy fassions avoir. Que si vous m'en demandiés mon avis, je vous dirois qu'il faudroit faire copier ces *Collectanea Angeli Collotii*, mon opinion estant qu'il aura compilé tout ce qui se trouve dans les autres manuscrits.

M. Holstenius m'a parlé de certaines caisses de manuscrits qui vous sont venus du Levant. Je désirerois infiniment sçavoir s'il n'y a point quelque ancien autheur Grec qui n'aye point encore esté imprimé, et qu'est ce c'est que ce volume qui a esté trouvé au corps d'une mummie, qu'ils disent pouvoir servir à entendre des hiéroglyphiques Egyptiens; et en quels caractères il est escrit; s'ils sont grecs quoyque la langue soit Egyptienne ; comme j'ay veu plusieurs manuscrits et mummies chés le sieur Pietro della Valle, (1) auquel je parlay, l'autre jour, pour le Dictionnaire Coptique dont vous es-

(1) Pierre della Valle, né à Rome le 2 avril 1586, mourut dans cette ville le 20 avril 1652. Ce fut un des plus célèbres voyageurs de son temps. Voir ses *Viaggi descritti in littere familiari* (Rome, 1650-1653, en 3 vol. in-4°), traduits en français sous ce titre : *Voyages de Pietro della Valle, gentilhomme romain, dans la Turquie, l'Egypte, la Palestine, la Perse, etc.* (Paris, 1661-1663, 4 vol. in-4°.)

crivés au P. du Puy, (1) à quoy il me respondit qu'il vous escriroit la dessus, et à l'ouir parler il semble qu'il n'ayt pas beaucoup d'envie de vous l'envoyer. Au reste, je me plains de ce que vous employés tout le monde à Rome et que vous ne m'honnorés plus d'aucun de vos commandements. Il semble que vous ne me vouliés plus faire l'honneur de me croire, Monsieur, vostre, etc.

BOUCHARD.

A Rome le 16 juillet 1633. (2)

III

Monsieur

Je croi vous avoir escrit si amplement par ma dernière du 16 juillet de ce qui est des mss. qui se treuvent en la bibliotheque Vaticane touchant les poids et les mesures des anciens, que je ne pense pas vous devoir rien plus toucher de cela, jusques a ce que j'aie receu les ordres qu'il vous plairra me donerla dessus : estant au reste infiniment affligé de la perte que jai faite des lettres dont vous dites, Monsieur, quil vous avoit plu de m'honorer ; lesquelles ne m'ont point esté rendues, horsmis celle qu'il vous pleut donner à MM. *Bosieu et Videl*, à qui j'ai fait response par ma derniere : dans laquelle il me semble que je vous prioi, Monsieur, de vouloir interceder pour moi auprès M. le cardinal Barberin pour la place de *bi-*

(1) Christophe du Puy, frère des savants Pierre et Jacques du Puy, était le prieur de la chartreuse de Rome. Il y mourut le 28 juin 1654, à 75 ans environ. Comme ses frères, il fut l'ami de Peiresc.

(2) Bibliothèque d'Inguimbert, à Carpentras. Manuscrits de Peiresc, Registre V, f° 243. Autographe. — Bibliothèque Méjanes, à Aix. Correspondance de Peiresc, tome II, f° 413.

bliothecaire vacante par la promotion de M. Suares; lequel m'a fait la faveur, avec M. le conte de Chateauvilain et Cavalier del Pozzo de parler pour moi en cette affaire à Monsr leur cardinal, mais pour ce que je prevoi que cela tirera de fort long, Monsr le cardinal aiant mis dans sa librairie un certain *Angelo* qui a esté autrefois son marmiton de cuisine, à ce que l'on dit; et qui commence à cette heure à apprendre les rudiments: quoique l'on dise qu'il n'est mis là dedans que par interim; je voudroi vous supplier, Monsieur, que quand bien vous m'auriez desja favorisé d'avoir escrit a son Eminence pour moi, ou que vous fussiez en volonté de le faire: cela n'empesche point, s'il vous plaist, ni ne retarde en aucune façon les autres bons effets que je puis esperer de la bone volonté que vous me faites l'honeur de me tesmoigner dans vostre derniere lettre: et du credit que vous aurez, Monsieur, tres grand sans doute auprès de M. *de Nouailles* aussi tost qu'il vous aura vu (1): tous mes amis me conseillent de songer plus tost à cette condition qu'aus autres, pour estre et plus presente et plus honorable et peut estre plus facile, à cause de plusieurs recommendations qui ont esté desja faites de moi a ce Seigneur, que vous pourrez lui rammentevoir, Monsieur, lors qu'il vous plaira me faire la faveur de lui parler de moi; lui donant à entendre *que je sui le fils de ce gentilhome de Languedoc Secretaire du Roi*, (2) *qui lui a parlé plusieurs fois de moi en la compagnie de M. le baron de Magalas* parent et ami de mondit seigneur de Nouailles; dont MM. *de Murat* et *d'Audiguier*, secretaires du Roi lui ont aussi parlé: et pour lequel lui ont escrit de Rome le *R. P. Hiacinte, compagnon du P. Joseph* ca-

(1) Peiresc vit le comte de Noailles, au moment où ce dernier allait s'embarquer pour l'Italie, mais il n'obtint rien de l'ambassadeur pour son indigne protégé.

(2) Cette phrase a été citée par M. P. Paris (*Historiettes* t. VII, p. 160.)

pucin, et *M. de Lusarche* maistre de chambre des Ambassadeurs de France à Rome, lequel M. de Lusarche nous fait ici esperer que nous aurons pour secrétaire de l'Ambassade M. Sillhon (1) au lieu du bon M. *Chapelain*, que Monsr le cardinal Duc de Richelieu retient aupres de soi à cause d'une ode quil a faite en sa louange, que nous avons vue ici avec admiration (2). J'ai lu aussi de lui le commencement *d'un poeme Epique* intitulé *la Pucelle d'Orléans*, qui promet quelque chose de bien excellent. Nous n'avons point ici d'autres nouvelles de livres, sinon que le bon Naudé a fait imprimer sa Bibliographia (3) que je ne manquerai pas, Monsieur, de vous envoier si tost que j'en aurai receu quelques exemplaires : cependant faites moi, s'il vous plaist, la faveur de me tesmoigner par l'honeur de vos commandements que vous me tenez toujours,

Monsieur, pour

Vostre tres humble et tres affectionné serviteur

BOUCHARD.

A Rome ce 13 Aoust 1633 (4).

IV

Monsieur, je ne sçaurois plus trouver des paroles assés civiles et assés signifiantes pour vous pouvoir remercier

(1) Jean de Silhon, membre de l'Académie française, mort en 1667. Il ne fut pas secrétaire de l'ambassade de Rome, mais il devait être quelques années plus tard secrétaire du cardinal Mazarin.

(2) Sur le secrétariat de l'ambassade de Rome offert à Chapelain et refusé par lui, voir ses *Lettres* (pp. 9, 20, 25, 28, 32, etc). — Sur l'*Ode à Monseigneur le Cardinal de Richelieu*, voir même recueil (p. 33).

(3) *Bibliographia politica* (Venise, 1633, in-12.)

(4) Bibliothèque nationale. Fonds français, volume 9542, f° 70, pièce 44, autographe.

comme je dois et vous exprimer l'obligation que je vous ay de tant de faveur qu'il vous plait me faire et principalement des dernieres, M. de Vaison (1) m'ayant fait voir dans la lettre que vous escriviés à M. le Cardinal Barberin les termes avantageux et que je ne méritay jamais avec lesquels il vous a pleu, Monsieur, de me recommander à Son Eminence, sur l'affaire de M. le Cardinal Don Antoine son frère; laquelle neantmoins par je ne scay quel malheur qui m'accompagne en toutes mes pretentions, n'a pas peu réussir, non plus que la premiere, quoyque l'une et l'autre ayt esté recommandée et sollicitée par M. le Duc de Créqui et par la pluspart des plus puissantes personnes de cette Cour. Au deffaut de quoy M. le Cardinal Barberin s'est enfin declaré à MM. le Conte de Chateau-Vilain, Cavalier del Pozzo et Suarès qu'il désiroit m'employer à me faire tourner des Autheurs Grecs qui se trouvent à la Vaticane et qui ont escrit en faveur de l'Eglise, et Samedy dernier que j'eus l'honneur de parler à luy, il me tesmoigna qu'il desiroit que je fisse imprimer une suite d'Histoire depuis le commencement du monde jusques à la prise de Constantinople, laquelle se trouve traitée dans la Vaticane en d'Autheurs Grecs chrestiens, et je dois commencer par Theophanes qui escrit l'histoire depuis Diocletien jusques à l'Empereur Michel et Theophilus (2).

J'ay eu quelque vent que M. Aultain le conseiller (3)

(1) Nous avons déjà vu que c'était le docte Joseph Marie Suarès.

(2) La *Chronographie* de l'écrivain Byzantin George Théophane qui s'étend de l'an 284 à l'an 813, fut publiée, une vingtaine d'années plus tard, par le P. Combefis, avec une version latine du P. Goar (Paris, 1655, in-8°).

(3) Aultain ou plutôt Aultin était un des correspondants de Peiresc qui lui donne le titre de « conseiller du Roy en la prevosté et Chastelet de Paris. »

beau frère de M. Rigault (1), en avoit fait la version avec quantité d'observations fort curieuses. Je vous prie de me vouloir mander si vous en avés rien appris, pour ce que, cela estant, je songerois à autre chose. Pour ce qui est de Georgius Syncellus qui doit aller le premier, ayant escrit *ab orbe condito* jusques à Diocletien (2) est imparfait à la Vaticane, n'y ayant seulement que la seconde partie qui commence à Jules César et Pompée jusques à Diocletien, et l'on tient icy pour asseuré que ce qui manque à la Vaticane, se trouve à la Bibliothèque du Roy à Paris. Sur quoy j'ay escrit à M. Rigaut, vous suppliant, Monsieur, de vouloir encore joindre vos prieres aux miennes, afin d'impetrer de luy une copie de ce qui nous manque, laquelle M. de Thou, le Maistre des Requestes, (3) a promis, il y desja fort long temps, d'envoyer à M. le Cardinal Barberin, lequel la desire extremement et faira rendre par M. le Nonce tout ce qui se deboursera pour cela.

Voylà, Monsieur, les termes où je suis aujourd'huy et ne voy point encore à quoy tout cela abboutira. C'est pourquoy, je vous supplie, Monsieur, de ne pas laisser pour cela, s'il vous plait, de me favoriser auprès de M. de Noüailles lorsqu'il passera, des recommandations qu'il vous a pleu de me faire esperer de vostre part ; il a desja promis solennellement au R. P. Hyacinthe, Capucin, Compagnon du R. P. Joseph, qu'il me prendra chez soy aussitost qu'il sera arrivé à Rome, et quand vous luy

(1) Nicolas Rigault, né à Paris en 1577, mort à Toul en 1654, fut le savant éditeur de Tertullien (1634, in-f°).

(2) George le Syncelle, mort vers 800, a laissé une chronographie qui va jusqu'à l'an 284 et qui parut à Paris, dans la collection du Louvre, en 1652, avec traduction et notes du P. Goar.

(3) François Auguste de Thou, fils aîné du grand historien, fut conseiller du roi en ses conseils d'état et privé, maitre des requêtes de son hôtel, grand-maître de sa bibliothèque, etc. C'est celui qui fut décapité à Lyon le 12 septembre 1642, à l'âge de 35 ans.

parlerés de moy, vous luy en pourrés toucher quelque chose. Car je suis resolu de m'attacher au present, les espérances de Rome estant trop longues à esclorre. Je ne fairay rien neantmoins sans vos commandements et et vos conseils, lesquels je vous supplie, Monsieur, de me vouloir faire la faveur de me donner la dessus.

Pour ce qui est à cette heure des commissions qu'il vous a pleu, Monsieur, me faire l'honneur de me donner, je vous diray, Monsieur, que M. de Vaison et moy encore ayant parlé à M. le Cardinal pour la transcription de ces chroniques du siècle de la Race de Charlemagne que vous désirez pour l'édition de M. du Chesne (1), et m'estant offert d'aller à Subiaco et à Farfa pour les copier, M. le Cardinal a repondu qu'il desiroit que nous y allassions M. de Vaison et moy ensemble et à Monte-Cassino et autres lieux du Regne, de sorte que je ne pense pas que vous puissiés avoir prompte satisfaction là dessus ; je ne lairray pas neamoins d'en solliciter M. le Cardinal aux occasions, et vous luy en pourrés encore escrire.

J'ay aussy parlé au sieur Pietro Della Valle et luy ay fait sçavoir tout ce que vous m'escrivés touchant les diligences que vous voulés faire pour son Pentateuque Samaritain, et les instances que vous estes resolu de continuer jusques à ce qu'il vous aye presté son Dictionnaire Cophte, à quoy il m'a respondu qu'il l'avoit mis entre les mains du P. Athanase (2), jesuite, lequel le doit faire imprimer icy avec la Version, Notes et une Grammaire en langue Egyptienne, sur quoy il m'a dit

(1) C'est-à-dire pour le recueil : *Historiæ Francorum Scriptores* que l'historiographe du roi André du Chesne, le père de l'histoire de France, allait commencer à publier en 1636 (in-f°).

(2) Le P. Athanase Kircher, né en 1602, mort à Rome en 1680, publia dans cette ville, en 1636, in-4°, le *Prodromus Coptus sive Ægyptiacus* qu'il dédia au Cardinal François Barberin. Cette publication a permis de dire que c'est au P. Kircher que l'on doit la connaissance de la langue copte.

qu'il vous escrira amplement. Pour les traittés *de Ponderibus et Mensuris* je vous les envoye enfin, (1) estant honteux de vous avoir fait tant attendre ; mais je vous prie de croire, Monsieur, que cela est provenu plus tost de la negligence des gardes de la Vaticane qui ne se trouvent en la Bibliothèque que deux ou trois jours la semaine, et de celle du copiste, que de la mienne. Selon vos ordres, j'ay fait copier tout ce que j'ay creu estre le plus ancien. J'ay cotté le MS. et son âge, et après j'ay collationé cette copie moy mesme tres exactement à l'Original, de sorte que vous pouvés estre seur, Monsieur, qu'elle est entièrement conforme aux mss. tant pour ce qui est des Notes et Characteres des Poids et Mesures que pour tout le reste, ayant mesme fait laisser les fautes les plus grossieres et qui se pouvoint corriger aysement. Deux choses neantmoins me fachent en cecy, l'une que l'escrivain n'ait plus pressé et reduit en moins de pages cette copie, ainsi que je luy avois ordonné, et l'autre qu'il ne se soit voulu jamais contenter à moins de quarante huit Jules, qui est veritablement un prix excessif, quoyque M. de Bonnaire (2) qui a fourni l'argent et moy ayant esté, ce matin, touts deux ensemble près d'une heure à debatre avec luy en pleine Vaticane ; il nous a allegué la peine qu'il a eu à lire les mss., à portraire ces figures et le long temps qu'il a mis, ayant esté

(1) Dans le registre V de la collection Peiresc, à Carpentras, on lit au sommet du f° 199 ces mots tracés par le reconnaissant correspondant de Bouchard : « *Excerpta de ponderibus et mensuris, ex Bibliotheca Vaticana. Exscribi curavit et contulit cum manuscriptis antiquis Dominus Bocardus, et Aquas Sextias transmisit XI Febvrier 1634.* » Les extraits forment un cahier de 74 feuillets in-f° chiffrés 199-272.

(2) M. de Bonnaire était le beau-frère de Jean Barclay, que Peiresc avait tant aimé. M. de Bonnaire était chargé de payer à Rome, où il résidait, les livres et objets d'art achetés pour le compte du grand collectionneur provençal.

près de deux mois après. Vous me manderés, s'il vous plait, si vous avez esté servi comme vous desiriés, et si vous avés encore envie d'avoir quelque chose de la Vaticane sur ce sujet.

Pour ce qui est des Poids et Mesures antiques du Prince Bourghese, j'en ay parlé au sieur Ferrante Carlo et Pietro de la Riviera, lesquels m'ont donné parole d'employer tout leur credit auprès du Prince, pour obtenir de luy la permission de vous faire designer tout ce que vous desirerés. J'attens vos commandements là-dessus. Je n'ay peu encore avoir aucune nouvelle de l'Histoire de Thomas Vairo. Je demeure cependant, Monsieur, vostre, etc.

BOUCHARD.

A Rome ce 11 février 1634. (1)

V

Monsieur,

Je vous ai rendu conte de toutes les faveurs que j'ai receues de Monseigneur l'Eminentissime Cardinal Barberin en vostre consideration, par ma dernière du 23 juin, laquelle je sui fort marri que d'autres aie prevenue : mais l'occasion du passage d'un Père Minime qui se presenta, et que pour cela je laissai, me servant de la voie de M. Menestrier (2) qui a esté encore assez lente, est cause de ce retardement. Or pour ce que par cette lettre je

(1) Bibliothèque d'Inguimbert, registre V, f° 248, autographe — Méjanes, correspondance. — Bibliothèque de Peiresc, tome II, f° 419.

(2) L'abbé Claude Menestrier, né à Vauconcourt (Haute-Saône), mourut à Rome en 1639. C'était un habile archéologue. Il fut au nombre des amis et correspondants de Peiresc.

vous ai informé, Monsieur, de toutes les particularitez de mon affaire, je croi qu'il ne sera pas besoing de rien ajouster davantage ici ; horsmis les summissions et les remerciments que je sui obligé, Monsieur, de vous faire tant que je vivrai pour tant d'honeur et de faveur que je reconoi tenir entièrement de vos courtoisies et de vos recommendations : come aussi pour les bons et sages avis dont il vous a plu me gratifier par vostre dernière dont j'aissaierai de me rendre digne, en les pratiquant et en les observant tres religieusement, estant au reste infiniment fasché que vous oïez desja faire des plaintes de moi, vous aiant esté escrit d'ici que j'alloi trop viste, ainsi qu'il vous a plu me faire la faveur, de m'avertir et dont je vous demeure, Monsieur, infiniment redevable, ce qui me console, et que j'oserai bien vous dire, Monsieur, affin que cela me puisse servir d'excuse auprès de vous, est que ce bruit là ne vient que de la part d'une persone que je vous ai desja advisé par ma precedente qui s'estoit dispensée d'en faire courir d'autres de moi qui n'avoient aucun fondement de verité. Car lui mesme m'a dit ces mesmes paroles, m'adjoustant de plus qu'il vous les vouloit escrire. Ce n'est pas neantmoins, Monsieur, que je pretende par cette justification passer auprès de vous pour incapable de ces sortes d'avertissements, dont je conoi trop le prix et l'utilité pour ne les pas estimer, et ne vous en pas demeurer extremement obligé ; au contraire je vous supplie, Monsieur, de vouloir me faire la faveur *de continuer à me faire avertir de tout* ce que vous entenderez dire ou escrire de moi, vous protestant que j'en ferai extraordinairement mon proffit et que cela demeurera aussi secret, que s'il m'avoit esté commis sous le sceau de confession, et c'est sous cette sorte de religieuse garde que je tiens aussi tout le reste de vos lettres, lesquelles vous ne devez point craindre, Monsieur, que je face voir jamais à autre qu'à moi pour ami et confident qu'il peust estre ; si tant est qu'il peust y avoir des amis et des confidents à Rome. La où *Nulli te facias nimis sodalem, gaudebis minus et minus dolebis* ne pensant pas qu'il i ait de meilleur secret pour i reussir que celui la. Je m'amuse au reste à emplir cette lettre ci de parolles, pour ce que je ne pui, Monsieur, vous doner autre chose pour cette fois ci, non pas mesme sur les deus petites commissions qu'il vous a plu me faire l'honeur de me bailler. *La Bibliotheque vaticane et les chemins de Rome à Subiaco estant fermez jusque à l'automne*, qui empesche que je ne vous puis doner aucune satisfaction ni pour les traictez *de Ponderibus et Mensuris*, ni pour les chroniques de Subiaco : desquelles j'ai parlai à son Eminence, lui faisant entendre l'extrême obligation que vous, Monsieur, et tout le reste de la France lui avoit de ces fragments des deus autres chroniques dont il luy avoit plu nous favoriser : et le desir extreme avec lequel l'on attendoit de lui la nouvelle grace des *chroniques de Subiaco :* pour les pouvoir mettre *avec celles de Farfa et St-Vincent* en teste *d'un 2 volume, que vous aviez dessein de lui faire dedier : ce qu'il me tesmoigna avoir fort agréable :* sur quoi m'estant offert d'aller presentement à Subiaco selon vos ordres, il me dit qu'il ne vouloit pas à cause du danger qu'il y a pour les chaleurs : me laissant dans l'espérance que j'y pourroi aller aussitost qu'elles seroint passées : je n'ai pas laissé cependant de chercher le plus diligemment que j'ai pu dans la bibliotheque de son Eminence si je pourroi rien treuver de cette chronique ; ce qui m'a esté impossible. Mesme M[r] l'Evesque de Vaison que j'ai fort sollicité pour cette affaire, m'a tesmoigné que ce seroit peine perduë à lui de chercher cela davantage là dedans, pour ce que *c'est fort peu de chose*, à ce qu'il dit, et qui est *brouillé avec une infinité d'autres petits traictez de diverses matières*, de sorte qu'il fault attendre l'autonne : vous promettant, Monsieur, que je ne manquerai pas d'en reparler lors à son Eminence, et aissaierai d'obtenir de sa bonté, ou que j'aille à Subiaco, ou qu'il face venir à Rome les manuscrits ainsi qu'il lui semblera plus à propos: *car Subiaco est* à Monseigneur *le cardinal Antoine* et non pas à lui. Sitost que la Vaticane sera reouverte, je ne manquerai d'i mener le copiste pour arrester marché avec lui ainsi que vous le desirez.

Je vous rens au reste, Monsieur, mille graces de la nouvelle addresse que vous m'avez donée pour *le Syncellus :* sur lequel j'avoi plusieurs doutes, qui m'ont esté tous eclaircis tant par ce qu'il vous a plu m'en escrire, que par l'extrait de la *lettre de M. Saulmaise* (1) que vous avez fait joindre. Auprès duquel si vous voulez interposer vostre credit et vos prières, ainsi que je vous en supplie en mon particulier; je comence à esperer de pouvoir doner un jour au public le Syncellus tout entier, et autrement non, car *le manuscrit du Roi est si difficile à lire*, ainsi mesme que marque M. Saulmaise, *que c'est tout ce que l'on a pu faire à Paris que de m'envoier le tiltre :* et vous scavez, Monsieur, que si ces choses historiques et chronologiques ne sont copié avec une extreme diligence, l'on ne s'en sçaurait servir : de sorte que de faire copier le manuscrit du Roi j'auroi peur que ce soit de l'argent et de la peine perdue ; aiant aprins que *M. Haultain* (2) *a esté contraint de le copier de sa main propre* : ce que je sçai bien qu'il ne voudra pas jamais communiquer. *Nosti hominis ingenium*, que si vous voulez

(1) Claude de Saumaise, le grand érudit trop célèbre pour que j'en dise rien ici et que l'on retrouvera dans une des publications que je consacrerai aux *Correspondants de Peiresc*. Bouchard *(Laudatio Peireskii)* a fort loué Saumaise et Grotius « *qui literaturæ, optimarumque artium principatum sibi vindicant.* »

(2) Le même personnage qui, dans une lettre précédente (nº IV), a été appelé le *Conseiller Aultain*.

Monsieur, me faire cette grace, d'en parler à *M. Saulmaise*, il lui faudra demander, non pas les conferences qu'il a faites sur les fragments d'Eusebe de Scaliger, mais *le manuscrit entier de Syncellus*, qu'il semble dire par sa lettre qu'il a, et sçavoir s'il nous le voudroit confier avec les assurances que vous lui pourrez doner de nostre part; et que je vous ferai doner apres d'ici si vous le desirez, à vous, Monsieur, et non pas à luy, et vous scavez bien pourquoi (1). Ce qui me sembleroit le plus court et le meilleur, car *je le copiroi moi mesme auec dilligence et vous renvoyeroi aussi tost ce manuscrit.* Si non au moins le prier qu'il en fist faire une copie tres exacte et conforme entièrement au manuscrit pour les frais de laquelle je feroi adresser d'ici l'argent que vous ordoneriés à quelqu'un des nostres affin que l'on luy fit tenir après par dela. Je seroi infiniment aise qu'il voulut envoyer son manuscrit pour ce que le *Theophanes y est aussi, à ce qu'il dit, et Leon Grammaticus* (2) que j'ai aussi dessein de faire imprimer. Vous pourrez l'assurer, Monsieur, que ces trois auteurs seront imprimez asseurement et bien tost, mais je doute qu'oyant parler de Rome il ne se cabre, *j'ai l'honeur d'estre conu de luy* luy aiant parlé fort souvent a la bibliotheque du roi auec M. Rigault, et *l'ayant esté voir plusieurs fois chez luy auec M. Hullon, Prieur de Cassan, mon beau-frère*, dont il se souviendra peut estre mieus que de moi. Vous m'escrirez, Monsieur, s'il vous plaist, quel est vostre sentiment là dessus, et si vous croiez le pouvoir convertir à cela tout seul, sans qu'il soit besoing que je l'en face prier par ses autres amis que je conoi en France.

(1) Bouchard faisait allusion à la répugnance qu'inspirait à la cour romaine le protestantisme de Saumaise.

(2) La *Chronographie* de Léon le Grammairien embrasse la période comprise entre l'an 813 et l'an 949. Bouchard, qui avait de si vastes et de si beaux projets, n'en réalisa définitivement aucun.

Vous me ferez faveur de m'informer *de la qualité du manuscrit de Syncellus que vous avez et si Theophanes et Leon est derrière* n'en faisant mesme, s'il vous plaist, copier les tiltres de ces trois auteurs *pro ut jacent*. C'est,

Monsieur, Vostre très humble, tres fidelle et tres passioné serviteur,

A Rome ce 21 juillet 1634.

BOUCHARD.

J'ai fait vos recommendations à tous ceux à qui vous me l'avez ordoné dans vostre dernière qui tous m'ont assuré de leur devotion à vostre service ; entre autres je fus treuver exprès Mr l'Evesque de Vaison auquel je lui fi entendre la part de l'obligation qu'il vous plaisoit prendre en la faveur que monseigneur le Cardinal m'a faite : sur quoi je lui fis encore de nouveaus compliments. Je vous prierai aus occasions, Monsieur, de luy vouloir tesmoigner l'obligation que je luy en ai, et me maintenir en ses bones graces : nonobstant tout ce qui s'est passé. *Monseigneur l'Ambassadeur* (1) me demanda, l'autre jour, des nouvelles de vostre santé, et m'ordona de vous baiser les mains de sa part (2).

(1) Le comte François de Noailles. Bouchard rencontrait chez l'ambassadeur François de Mainard qui, dans une de ses lettres (la 101e du recueil de 1655), raconte une visite qu'il fit avec le correspondant de Peiresc au poète Bracciolini, l'auteur de la *Bulgaréide*.

(2) Bibliothèque nationale, fonds français, vol. 9542, f° 68, autographe.

VI

Monsieur,

Je vous envoie la copie des *trois manuscrits Vaticans de Collotius touchant les poids et les mesures :* en les revoyant j'ai remarqué par ci par la quelques traitez qui semblent aucunement s'esloigner de cette matiere principalement vers la fin ; les deus voyages quil nous a falu faire ces deus derniers mois ci a Castelgandolfe, m'ont empesché de pouvoir avoir l'œil là dessus ; car sans cela j'eusse fait retrencher le superflu, affin de vous descharger d'autant de despense ; M. de Bonaire m'a dit à ce matin qu'il avoit doné un ordre *de douze escus au copiste* pour se faire payer au banque. Si vous desirez que je vous fasse copier *ces autres traitez grecs sur la mesme matiere qui se treuveront dans la Vaticane*, vous m'en donerez, s'il vous plaist, un mot d'avis ; aussi bien la bibliotheque est fermée à cette heure pour jusques au mois d'octobre. Pour ce qui est de l'affaire de M. du Pui touchant la commande *du Prioré de Saint-Léon* (1), nous fismes notre dernier effort en suite de la recommendation que vous en fistes ce mois de mai a Son Eminence : à laquelle je presentai à Castel Gandolfe un memorial addressant à Sa Sainteté ; qu'il me promit de lui presenter et de plus envoya querir par plusieurs fois Mgr le Dataire pour lui recommender cette affaire. En somme il me tesmoigna avoir tout le desir du monde de favoriser ces Messieurs, mais non obstant tout cela Mgr le Dataire a enfin doné l'esclusive toute

(1) C'était pour Jacques du Puy, le prieur de Saint-Sauveur, que Peiresc avait demandé et fait demander le prieuré de Saint-Léon.

entiere, disant que Sa Sté n'en veut plus entendre parler. Aussi ais je sceu d'autre part que le Pape est resolu de ne plus accorder de commande pour des benefices conventuels, *ce que vous ferez s'il* vous plaist entendre à ces Messieurs, affin qu'ils ne s'estonent pas si l'on en a accordé quelques unes depuis peu de temps, mais qui estoint pour des benefices simples : ce qui s'obtient assez facilement : et Son Éminence *m'a fait* mesme *la grace de m'en obtenir une pour le Prioré de Saint-Quadren*, ordre de Saint Benoist au diocese de Saint-Malo en Bretagne, duquel j'ai esté pourveu par son ordre expres : dont j'ai cru vous devoir doner avis, tant pour vous en remercier come estant la premiere cause de tout le bien que je reçoi ici come aussi pour vous prier, Monsieur, d'en vouloir faire quelque remercîment à Son Éminence lorsque vous le jugerez à propos : de me vouloir aussi faire la faveur d'en escrire quelque mot aus *amis* que vous aurez *en Bretagne* pour sçavoir d'eus ce que c'est que ce benefice et s'il est bien vacant, et en cas qu'il falust plaider, obtenir quelque faveur et recommendation de leur part. Si vous voulez me favoriser de quelques unes de vos lettres en ce païs la, vous les ferez, s'il vous plaist, tenir à *M. Hullon* mon frere, auquel j'ai envoyé les expéditions. Il y a au mesme diocese de St-Malo un Prieuré cure nomé Cardreuc (1), qui est autre chose que le mien : Saint-Quadren estoit tenu par un moine nomé Julien le Faure que l'on m'a dit qui estoit aussi prieur de Saint-Jagues. L'on pretend que ce moine mourut au mois de fevrier dernier. Toutes les nouvelles qui nous viennent à cette heure ici passant premierement par chez vous, ce seroit chose superflue de vous les escrire. Pour celles de

(1) Peut-être Cardroc, commune du département d'Ille-et-Vilaine, arrondissement de Montfort, canton de Bécherel.

livres je vous dirai que *Leo Alatius* a mis au jour son discours *de errore magnorum virorum in dicendo* (1) et doit un de ces jours me doner les *Epistres socratiques* pour les faire tenir à M. du Pui auquels il les veut dedier : et Cramoisi les doit imprimer (2). Le bon M. *Naudé* travaille fort et ferme. Je pense que c'est *à la genealogie des Contes de Bagni :* il doit partir dans huit jours à Riete avec son cardinal (3). Je désireroi scavoir si Monseigneur l'Eminentissime Cardinal Barberin, ne nous a rien escrit, sur le *refus que M. Naudé a fait de la chaire de la Sapience :* et de quel biais il a prins cela. Son Eminence me fit voir la lettre qu'il vous escrivit touchant le *Syncellus* ou entre autres il vous tesmoigna qu'il croiroit à propos que l'on *obtint de M. Saumaisse* les conférences qu'il a faites du grec imprimé d'Eusèbe avec le manuscrit de la bibliothèque du Roi. Je vous prie de le vouloir sommer de la promesse qu'il vous a faite ladessus : et de scavoir de lui s'il est résolu absolument de retourner en France, et en tout cas *je croi qu'il trouveroit tousjours une meilleure condition en Italie qu'en Flandres, pourvu qu'il voulust se convertir*. Pour les 4 cayers de Syncellus que vous me marquez dans vostre derniere du 31 mai, j'ai demandé à son Eminence si elle les avoit receus : elle m'a dit que non, et qu'elle croioit qu'ils estoint dans le paquet du P. du Pui, au quel je viens d'envoyer un home tout à cette heure pour en apprendre

(1) Le titre réel de l'ouvrage est celui-ci : *De erroribus virorum magnorum in dicendo dissertatio rhetorica* (Rome, 1635, in-8°).

(2) *Socratis, Antisthenis, Aristippi, Simonis, Xenophontis, Aeschinis, Platonis, Phædri, et aliorum Socraticorum epistolæ* (Paris, 1637, in-4°).

(3) Le cardinal Jean-François Bagni, dont Gabriel Naudé était le bibliothécaire, avait abandonné l'évêché de Cervia pour celui de Rieti, et il allait souvent dans son diocèse, comme on peut le voir par les lettres de l'auteur du *Mascurat.*

des nouvelles ; il m'a respondu qu'il n'avoit rien receu de vostre part. Je ferai neant moins en sorte qu'ils se retreuveront : mandez moi, s'il vous plaist, en tout cas à qui vous aviez addressé ces cayers et dans le paquet de qui. C'est,

Monsieur, vostre tres humble et tres obeissant serviteur

BOUCHARD.

A Rome, ce 24 juin 1635 (1).

VII

Monsieur, Je m'acquitte icy de la promesse que je vous ay faite par ma dernière du 8 octobre que je vous escrivis par la voye de M. Aultain, qui est de faire responce à la vostre du 30 aoust. J'ay regardé encore fort diligemment les Fastes Capitolins, et vous puis assurer que cette note D est partout traversée d'une barre. J'ay enfin tant fait que Monseigneur l'Eminentissime cardinal Barberin est résolu de renvoyer en France le Syncellus, à quoy il avoit beaucoup de répugnance, et moy encore veu les dangers qu'il y a en ce temps cy sur les chemins ; car s'il venoit faute de ce livre je vous puis asseurer que son Eminence en auroit un extreme deplaisir. C'est pourquoi je vous supplie, Monsieur, de vouloir tenir l'œil à ce qu'il ne se perde soit en l'envoyant à Paris, ou le renvoyant à Rome ; et surtout que M. Saumais ou Valois (2)

(1) Bibliothèque nationale, fonds français, vol. 9542, pièce n° 45. Autographe.

(2) Henri de Valois, l'éditeur d'Ammien Marcellin, d'Eusèbe, de Socrate, de Sozomène, de Théodoret, était alors âgé de 32 ans.

ou autres qui voudront prendre la peine de le conferer soient exacts et diligens, ne faisant pas trainer l'affaire en longueur. Je sçay que l'ouvrage est long et pénible, mais l'obligation que Son Eminence leur en aura en sera d'autant plus grande.

Vous me dites dans vostre lettre que M. Valois s'est offert à conferer aussi le Theophanes. J'accepte tres volontiers cette offre, mais pour ce que je ne puis envoyer la copie de Son Eminence parce que j'en ay tous les jours affaire, je voudrois vous supplier, Monsieur, de vouloir envoyer vostre manuscrit de Theophanes audit sieur de Valois, lequel le pourra conferer avec celuy de la Bibliotheque du Roy et mettre les variantes à la marge du vostre, lequel par après vous pourriés m'envoyer par quelque voye seure et je vous le renvoyerois quand je l'auroy conferé avec le nostre : ainsi je recevrois double profit des variantes du manuscrit Royal et du vostre qui me semble estre plus correct que les nostres à voir ce que vous m'avés envoyé. Si le Léon Grammaticus est derrière le vostre, M. Valois fairoit aussi la faveur de le vouloir conferer.

Que si vous trouvés quelque difficulté à envoyer vostre manuscrit à Paris, et donner la peine à M. Valois de le conferer, au moins, Monsieur, vous prie je de nous le vouloir envoyer à Rome, avec promesse qu'il vous sera rendu seurement, mais il profiteroit beaucoup, s'il pouvoit faire ce voyage de Paris. Que si pour soulager ces Mrs il estoit besoin de prendre quelqu'un qui leut la copie pendant qu'ils verroient le manuscrit, vous pourriés escrire à Mrs du Puy qu'ils le facent et payent ce qu'il faudra, pour ce que je le leur fairay rendre ; celuy mesme qui nous a transcrit le Syncellus seroit bon à cela. Avertissés les qu'ils prennent garde surtout aux abbréviations, nombres et noms propres.

Je serviray M. Valois pour le premier ordinaire touchant les conférences d'Ammian Marcelin (1), ce que je n'ai peu faire jusques à cette heure, parce que la Vaticane n'a esté ouverte que depuis quinze jours en ça pendant lequel temps nous avons esté à Castel Gondolfe.

Pour le sieur Leo Allatius il y a un mois qu'il a envoyé ses Epitres Socratiques à Mrs du Puy et Mr Doni est après la dernière feuille de son livre *Dei generi et modi delli Antichi* (2).

J'ai esté une fois ou deux chés M. Holstenius pour voir M. Dormalius (3), mais nous ne sommes encore peu rencontrer ensemble. Pour M. Holstenius je m'entretiens avec luy le mieux qu'il est possible, mais l'antipatie qu'il a contre nostre Nation jointe aux mauvaises impressions que luy a donné quoyque très faussement, nostre Evesque (4) le font un peu tenir sur son quant à moy, ce que je dissimule neantmoins, et espère avec le temps de venir à bout de toute ces férocités et défiances allemandes (5), à quoy je vous prie de me vouloir ayder dans les occasions lorsque vous lui escrirés.

(1) L'*Ammien Marcellin* ne parut qu'en 1681 (Paris, in-folio). Le savant H. de Valois était mort depuis cinq ans (7 mai 1676).

(2) Jean-Baptiste Doni naquit à Florence en 1593 et mourut dans la même ville en 1647. Le livre dont parle Bouchard parut en cette même année 1635 (Rome, in-f°) sous un titre quelque peu différent de celui qu'il indique : *Compendio del Trattato dei Generi e Modi della musica, etc.*

(3) Henri Dormalius était un des savants amis et correspondants de Peiresc. Son nom manque dans tous les recueils biographiques qu'il m'a été donné de consulter. Voir sur Domalius une note de M. Boissonade (Lucæ Holstenii epistolæ, p. 230).

(4) L'évêque de Vaison, J. M. Suarès.

(5) Bouchard et Holstenius étaient en bien meilleurs termes, cinq ans plus tard, quand Balzac écrivait au premier, le 14 mars 1640 (Œuvres, tome I, p. 534 : *A Monsieur l'Abbé Bouchard* :

« Je ne doute point des grandes richesses de M. Holstenius, je

Pour les poesies de M. Grotius (1), Monseigneur le cardinal au commencement me refusa tout à fait de les vouloir rendre, disant qu'il les voulait garder dans sa Bibliothèque, et m'a offert deux ou trois fois le dernier volume que vous leur avés envoyé, où il n'y a que les tragédies, lequel je n'y ai point voulu accepter; mais luy ayant fait, l'autre jour, un grand discours là-dessus à Castel (2), il me dit qu'au moins il les vouloit lire, de sorte que je ne désespère pas de les luy tirer des mains et en ce cas je les feray desrelier puis relier ostant premièrement ces sylves dont est question, et l'envoyeray par après à Monseigneur le cardinal Bagni de vostre part, estant infiniment aise d'avoir cette occasion de servir M. Grotius que j'ayme et honore infiniment pour les excellentes qualités que j'ay reconnües en luy dans sa conversation, que j'ay eue autrefois assés familière avec luy, et desirerois qu'il sceut le désir que j'ay de le servir. Il y a icy une de ses lettres qu'il a escritte au chancelier Oxenstern que l'on dit avoir esté interceptée, laquelle l'on estime fort; l'on m'a promis de me la faire voir.

Mrs du Puy vous envoyeront bientost une petite balle de livres pour Monseigneur le Cardinal Barberin. Je serois bien ayse quand vous l'envoyerés icy à son Eminence, que vous faciés, s'il vous plaist, mettre ses addresses en sorte qu'elle vienne entre mes mains, parce

me plains seulement de son bon mesnage. Que sert l'abondance sans la libéralité...? Soyez-donc nostre solliciteur auprès de sa docte seigneurie. »

(1) Les poésies latines de Hugues Grotius avaient été publiées pour la première fois par son frère Guillaume (Leyde, 1617, in-12). L'on en compta dix éditions, jusqu'à celle d'Amsterdam (1670, in-12).

(2) C'est-à-dire Castel-Gandolfo où, près de la maison de plaisance des papes construite par Urbain VIII, s'élevait la ville Barbarini.

que c'est moy qui ay eu la charge de faire acheter ces livres ; il faudra neantmoins, comme je pense, faire la dernière adresse de dessus à Son Eminence pour plus grande seureté, tant de la guerre que de l'Inquisition; et ainsi l'on pourroit faire trois adresses l'une à son Eminence, la seconde à moy, et la dernière à son Eminence, laquelle dernière aura desja esté faite par Mrs du Puy, remettant neantmoins le tout à ce qui vous semblera plus à propos.

J'oubliois à vous dire que ma version de Théophanes est achevée, il y desja quelque temps, de sorte que je l'ay faite dans l'espace d'un an (1). Si vous en vouliés escrire quelque chose à Son Eminence, vous pourrés, en passant, luy resveiller la volonté qu'il a desja fort grande de le faire imprimer, en luy loüant l'Autheur, et lui donnant à entendre qu'il est desiré et attendu avec impatience de touts les sçavans, sur tout de là les Monts.

C'est, Monsieur, vostre, etc.,

BOUCHARD.

A Rome ce 2 Novembre 1635 (2).

VIII

Monsieur, n'ayant point eu de vos lettres cette fois cy auxquelles il me faille respondre, j'acheveray icy ce que j'avois commencé à vous dire dans ma derniere touchant la version que j'ay faite *della congiura dei Fieschi*

(1) Dans une lettre du 12 juillet 1639 (*Appendice IV*), Bouchard annonce qu'il doit bientôt mettre la main à l'édition de Théophane.

(2) Bibliothèque Mejanes, correspondance de Peiresc, vol. II, f° 423. Copie.

del Sig^r Mascardi (1). Il y a desja fort longtemps que j'avois entrepris cet ouvrage n'ayant au commencement autre dessein en cela que de m'exercer en la Langue Italienne ; mais l'ayant communiqué à quelques gens de qualité et d'esprit de mes amis qui sont venus à Rome en divers temps, ils l'ont publié en leur retour en France jusques à le faire sçavoir à Monseig^r le Cardinal Duc de Richelieu qui m'a fait escrire par Mr de Boisrobert (2) qu'il verroit volontiers cette version et qu'il aggreoit mesme que je la lui dediasse, et ce par plusieurs fois, ajoutant tousjours des temoignages de bonne volonté pour moy, sur ce que, comme je crois, Mr Boutheiller (3), Mr de Boisrobert et encore Mr Mazarin luy ont fait concevoir quelque bonne oppinion de moy, quoyque ce soit esté plus par l'affection qu'ils me font l'honneur de me porter, que selon la verité. En somme je suis engagé à envoyer cette version à Son Eminence Ducale et à la luy dedier, ce que je vous prie de vouloir tenir secret et n'en escrire rien à personne, surtout à Rome, où je l'ay tenu entierement caché, hormis à M^r l'Ambassadeur auquel Monseig^r le Cardinal Duc me fit commander que je la communiquasse sur certains passages qui semblent estre desavantageux pour la France. Je vous ay voulu descouvrir cecy, premierement pour l'obligation que j'ay de vous rendre conte de tout ce que je fais, comme à l'autheur de tout le bien et le repos que je possede aujourduy, puis pour vous preparer à entendre avec moins d'etonnement un autre dessein que j'ay,

(1) Voir ce qui en a été dit dans une note de l'*Avertissement*. Les détails dans lesquels Bouchard va nous faire entrer, complètent fort bien le passage des *Historiettes* relatif à cet épisode d'histoire littéraire.

(2) L'abbé François Le Métel de Boisrobert, membre de l'Académie française.

(3) Claude Bouthillier, secrétaire d'Etat, mort en 1652.

lequel vous semblera un peu trop hardy pour une personne de si peu de mérite que moy; duquel neantmoins le succès ne semble pas tout à fait impossible, veu les circonstances qui s'y rencontrent et que je vous veux dire.

Il y a trois ou quatre mois que je portay par commandement de Monseigneur le cardinal Barberin ma version de Theophanes au pape qui me fit l'honneur de l'approuver jusques là qu'il daigna employer quelques heures à la lecture de ce livre ; ensuite de quoy m'ayant dit qu'il vouloit absolument qu'il s'imprimat, il me demanda si j'avois eu quelque bénéfice vacant en Bretagne, et que de plus il vouloit faire escrire à Monseig[r] Mazarin qu'il me procurat de dela en France quelque chose d'avantageux, sçachant bien, m'a-jouta-t-il, qu'il ne nous vient plus rien icy de France dont nous puissions gratifier les personnes de mérite qui sont en cette Cour; sur quoy ayant remercié Sa Sainteté, je la suppliay bien humblement de trouver bon que, lorsque l'occasion s'en présenteroit, je peusse me prévaloir de la recommandation qu'il luy plaisoit m'offrir auprès de M. Mazarin. Ensuite je fus rendre compte de tout ce qui s'estoit passé à Son Eminence, qui me fit la faveur de me confirmer tout ce que le Pape m'avoit promis, y ajoutant encore quelques offres de son costé. A un mois de là, estant vaqué un canonicat de Dol en Bretagne, Son Eminence m'en voulut gratifier suivant la grace du Pape ; mais M[r] le Cavalier del Pozzo, qui est la personne à laquelle, après vous, Monsieur, j'ay le plus d'obligation, ne me conseilla pas de l'accepter, à cause de cet Edit de résidence que l'on fait aujourduy garder avec tant de rigeur, que Son Eminence a contraint mesme de ses gens à y aller. Je fus donc remercier Son Eminence de cette grace, que j'estimois infiniment, mais que je ne croyois pas devoir accepter, puisqu'elle pourroit m'obliger, un jour, à quitter son service, et que si j'estois jamais si malheureux qu'il falut que j'en fusse banni, je ne doutois point que Son Eminence n'eust assés de bonté et d'authorité pour m'envoyer à un exil honorable, comme elle a fait Mr Suarès et trois autres de ses gentilshommes ; à cella Elle me respondit qu'elle l'auroit fait très volontiers, mais qu'elle n'en avoit aucun moyen, si ce n'estoit de me donner quelque titre *in partibus* ; n'y ayant point d'Evesché en France dont Sa Sainteté disposat. Là dessus je luy respondis qu'en cas qu'il me voulust favoriser de ses recommandations, qu'elles tiendroient tousjours lieu de nomination, et le fis souvenir de l'offre que le Pape m'avoit faite d'escrire à Monseigr Mazarin, luy ajoutant que j'avois desja conferé de cela avec le Pere assistant de France des Peres Jesuites, (ce qui estoit vray, et ce Pere la qui se nomme le P. Charlet est en fort grand credit au près de Son Eminence, et est un des meilleurs amis que j'aye à Rome) qui m'avoit promis toute sorte d'assistance de son costé auprès du Confesseur du Roy et autres personnes d'authorité confidentes de leurs compagnies, et qu'il se faisoit fort de faire reussir cette affaire, si Son Eminence me vouloit favoriser de quelque recommandation jointe à celle de Sa Sainteté. A cela Monseigr le Cardinal me respondit qu'il me promettoit toute assistance de son costé, et que je disse au Pere assistant de sa part, que non seulement il approuvoit cette négotiation, mais qu'il le prioit instamment de la porter avec ardeur et qu'il luy en demeureroit obligé, ce qu'ayant esté dit au Pape, il m'a promis d'y faire touts ses efforts et m'a desja favorisé d'une lettre de recommendation fort pressante au Pere Gourdon ; et j'ay escrit tout cecy à Monseigr Mazarin, le priant de me vouloir donner les avis comme je dois proceder en cecy ; et je crois qu'il en aura desjà touché quelque chose à Monseigneur le Cardinal-Duc ; car voicy les propres termes dont m'escrit

M. de Boisrobert, de Ruel, le 1er février : « J'ay receu « vostre belle lettre italienne que vous m'avés fait l'hon- « neur de m'escrire, accompagnée des beaux vers que « le s[r] Nicolo Villani vous a dédiés, et j'ay leu par deux « fois l'un et l'autre à Monseigneur le Cardinal devant « Messieurs Mazarin et Boutheillier qui à leur ordinaire « m'ont aydé à vous faire valoir à Son Eminence; je vous « jure qu'elle a trouvé beaucoup d'esprit et de gentil- « lesse en vos reproches, et j'ay tesmoigné à M[r] vostre « père, que j'ay heureusement rencontré ces jours « passés, qu'aux premières occasions qui s'offriroint, « nostre maistre seroit bien ayse de contribuer quelque « chose de son credit et de son authorité pour accomplir « le dessein que vous avés de vostre prelature, etc. »

Or est-il que je n'ay escrit ni près ni loin de cela au Sr Boisrobert ni a autre en France hormis à à Monseig.[r] Mazarin et à vous, à cette heure, Monsieur, vous suppliant premierement de vouloir tenir ceci secret, sans le communiquer à personne, de peur que l'on ne m'empesche, si l'affaire prend quelque bon train, ou que l'on ne se mocque si elle ne peut reussir ; et en second lieu de vouloir me dire librement vostre avis là dessus, s'il vous semble que pretendant à quelque petit Evesché des plus reculés, j'y puisse, un jour, parvenir ; car je sçais bien que c'est un travail de plusieurs années, et, cela estant, qu'il vous plaise me faire la faveur de me donner touts les avis que vous jugerés qui me seront necessaires en l'entreprise et conduite de cette affaire, comme du temps, du lieu et des personnes dont je me dois principalement servir ; et me dire franchement si vous trouverés bon que je vous supplie, un jour, de me vouloir aussi favoriser de vostre credit et recommandations tant en cette Cour auprès de Monseig[r] l'Em[me] card[l] Barberin et autres qu'il sera necessaire, qu'en France s'il en est de besoin ; estant seur du succès de l'affaire, si j'ose jamais me permettre là dessus vostre appuy et vostre faveur : car outre que vous estes tres puissant partout où il vous plait, il n'y a point de grâce que vous ne me puissiés faire obtenir aupres de Monseig^r l'Em^me Card^l Borberin, après m'avoir moyenné celle d'entrer en sa famille ; chose si difficile au temps ou nous sommes, qu'aprés cela tout vous est possible.

A ce matin son Eminence m'a dit que vous luy aviés escrit que vous fairiés conferer le *Theophanes et Leo Grammaticus*, et s'est informé particulierement sur quels MSS. et comment, et ensuite m'a commandé de vous escrire de sa part qu'il vous prioit de vouloir prendre ce soin là, comme aussi pour le *Syncellus* et qu'il le tiendra à faveur; après il m'a parlé de Mr Saumaise et tesmoigné desirer avec passion sa conversion, laquelle je crois que touts les gens de vertu et de lettre souhaitent infiniment ; et je pense que cela arrivant, il doit espérer toute sorte de support et de secours de son Eminence. Au reste en revoyant mon Theophanes après avoir bien feuilleté touts les *Stomata, myologia, triodia, hypsologia*, martyrologes, et autres manuscrits que j'ay peu avoir, j'ay trouvé que, quoy que dise le bon Baronius, l'Autheur de cette histoire est ce saint Theophanes si celebre parmy les Grecs dont ils font l'office le 12 de Mars (1), lequel, ils appellent *Théophanes de la Syriane*, dont nous avons la vie dans Surius au second volume, sur quoy j'ay envie de faire une longue dissertation que j'essayeray de rendre utile et agréable aux lecteurs. Cependant je vous prie, Monsieur, de ne point divulguer rien de cecy, pour ce qu'il y a des gens à Paris qui sçachant cette opinion que j'ay là dessus s'en pourroit prevaloir à mon prejudice, et

(1) L'érudition moderne a donné raison à Bouchard contre l'auteur des *Annales ecclésiastiques*, et les critiques sont tous d'accord pour identifier Saint Théophane avec l'historien Bysantin.

de vouloir aussi faire chercher dans la Bibliothèque du Roy et autres de France que vous jugerés, ces sortes de livres que je vous ai nommés, pour voir les lieux où il est parlé de Theophanes, soit l'histoire de sa vie, ou panegyrique, ou commemoration, ou hymnes, ou autres compositions, excepté néantmoins ce que nous avons desja imprimé dans le Menologe et donner ordre, s'il vous plaist, que l'on copie le tout fidelement, Mr du Puy ayant encore quelque argent de reste de Son Emminence qui pourra l'employer à cela, ou bien mesme faire quelque avance s'il est besoin, dont je fairay donner l'ordre necessaire pour le remboursement. Surtout je desirerois avoir le Grec de la vie de Theophanes dont nous avons le latin seulement dans Surius, car tout les Metaphrastes de la Vaticane sont du mois de septembre, octobre, etc, et pas un n'a ni mars, ni avril, ni mai, ni juin.

Je vous avois promis que les s[rs] Leo Allatius, Dormalius et moy aurions cherché dans la Vaticane les traittés Grecs de *Ponderibus et Mensuris* que vous desirés : je le leur ai dit, et ils s'y sont offerts de bien bon cœur; mais jusques à cette heure il n'y a pas eu moyen d'en avoir la note du Pere Horace Justinian, qui fait justement de cette Bibliotheque comme le chien des jardiniers fait des chous de son maistre (1), et, qui pis est, c'est que ce Père est plus difficile *all' istesso Padrone* qu'aux autres. Je vous en escrivis un exemple, l'ordinaire passé, de l'Ammiamm Marcellin. Les traités *De Ponderibus et mensuris* serviront de second, car je lui ay demandé au nom de Son Eminence *idque presente D. Dormalio*, et si neantmoins l'on ne les a pas peu avoir; et ce caresme il a fait encore pis à Mr Holstenius pour des livres qu'il a deman-

(1) La comparaison n'était pas moins juste que pittoresque, car tous les érudits qui vinrent à Rome du temps du P. Justinian, se plaignirent du soin jaloux avec lequel il s'abstenait de leur communiquer les trésors confiés à sa garde.

dés pour le service de Mr le cardinal. Le bon Mr Naudé en a eu aussi sa part, et je crois qu'ils vous escriront touts leurs griefs, et pour vous dire le vray, jamais je n'ay veu homme plus indigne de cette charge là.

Græculus esuriens in cœlum jusseris, ibit. (1)

Mais de luy faire mettre seulement le pied dans la Bibliotheque, c'est ce qu'il ne sçauroit se resoudre de faire; et pour gens de qualité et sçavans qui viennent la voir, il les fait introduire par ses estafiers ou bien par un certain prestre suivant, qui est pour le moins aussi mal apris et ignorant que luy; ce qui decrie fort Rome parmi les estrangers. J'essayerai neantmoins avec le temps de tirer de ses pattes ce que vous desirés.

J'ay escrit au sr Camille Gloriosi, pour l'observation des Eclypses de cette année; il m'a respondu qu'il n'a peu faire celle du mois passé à cause que le temps fut couvert et me promet de faire les autres.

La response à celle cy je vous prie de la faire mettre dans le pacquet du sr cavalier del Pozzo, mettant dessus *in manu propria.*

C'est, Monsieur, Vostre, etc.

BOUCHARD.

A Rome ce 7 mars 1636 (2).

IX

Monsieur,

Celle-ci servira de response à vos deus dernières

(1) Ce vers de Juvénal est certainement cité avec à propos, mais n'aurait-on pas pu retourner la mordante citation contre le famélique Bouchard ?

(2) Bibliothèque Méjanes, correspondance de Peiresc, tome II, f° 427. Copie.

lettres des 4 janvier et 6 mars. La première me fut rendue par Monseig^r le Cardinal Barberin qui me fit voir aussi celle que vous lui escriviez touchant la balle de livres que Messrs du Pui vous avoient addressée pour faire tenir à Son Eminence laquelle a tesmoigné fort agréable cet office qu'il vous a plu lui rendre, et m'a commandé de vous en remercier et Mess^r du Pui aussi; pour lesquels je prins lors occasion de parler touchant l'affaire de *St-Leons*. Son Eminence m'ordona de lui faire venir le dataire, pour ce qu'il vouloit que nous en conferassions au long tous trois ensemble : le passage de St Pierre, à Monte Caval, est cause que je n'ai pu encore trouver le temps de faire ce pourparler, où je ferai mes derniers efforts; estant bien de vostre opinion, que d'en parler plus apres cela, ce seroit plus tost empirer l'affaire, mais j'en espere bone fin, tant à cause de cette derniere obligation que Son Eminence a à ces Messrs pour ces livres qui sont venus ici fort bien conditionez; que pour une nouvelle faveur que Son Eminence desire d'eus, qui est qu'ils procurent *que Theophanes avec ma version et mes notes s'imprime à Paris* soit par le Sr Cramoisi ou autre; ce que je leur escrirai aussi tost que j'aurai sceu ce qui aura esté conclu sur leur affaire. Son Eminence me fit d'elle mesme cette proposition sans que je lui en parlasse; disant qu'il avoit eu dessein de le faire imprimer à Rome avec les charactères qu'il fait faire; mais qu'il craint qu'ils ne s'achevent de long temps y aiant desjà 4 ou 5 ans qu'ils sont commencez; que les charactères du college de propaganda et autres qui sont à Rome ne sont pas assez beaus. Pour vous dire le vrai j'eusse bien désiré que cette edition se fust faite a Rome; la meilleure correction estant celle qui se fait pendant que l'on imprime; l'auteur ayant la commodité de changer, adjouter ou diminuer come il lui plaist : mais neantmoins apres en avoir consulté avec mes amis et principalement avec le Sr Lucas *Holsteinius* (estant Dieu merci tous deus a cette heure en meilleure intelligence que jamais), j'ai treuvé que cette édition se feroit mieus et plus diligemment à Paris qu'à Rome pourveu qu'il i ait là quelqu'un qui soit intelligent qui en prenne le soing, toute la difficulté qu'il y a, c'est que Mr Aultain qui a travaillé sur le *Syncellus* et sur le *Theophanes*, se pourra fascher de cela et essaiera peut-estre sous-main d'empescher cette edition, pour doner quelque jour la sienne, qui n'est pas neantmoins preste. Mon frère m'escrivant par le dernier ordinaire, que Mr Aultain lui avoit demandé si je travaillois sur ces auteurs et que luy ayant respondu qu'il croyoit que non (car j'avois escrit a mon frère qu'il dist ainsi si l'autre lui demandoit), M. Aultain resprit qu'il avoit songé à les faire imprimer, mais qu'il s'estoit ravisé et qu'il n'avoit pas le loisir de les mettre au net, et que peut-estre jamais il ne les y mettroit. Je vous dis, Monsieur, toutes ces particularitez affin que vous me conseillez ce que je doi faire là dessus et qu'en escrivant à Messrs du Pui, vous les avertissiez qu'il faudra tenir l'affaire secrette et aissaier cependant de descouvrir si les parolles de Mr Aultain sont vrayes ou feintes, et veritablement en quel estat est le travail qu'il a fait la dessus. Pour achever de respondre à vostre premiere lettre, je vous dirai que Monseig[r] le Cardinal m'envoya les six exemplaires des livres du P. Athanase Kircher, que je lui ai fait tenir.

Par vostre seconde vous me faites esperer que *M. Saulmaise* reverra le *Syncellus*, ce que nous desirons fort ici. Les raisons que vous m'alleguez sur la difficulté qu'il y aura à le rappeler au giron de l'Église me semblent bien vraisemblables : et je me sui bien tousjours douté que les conditions d'Italie seroient moins avantageuses que celles d'Hollande. Ce seroit au Roi et à Monseig[r] le Cardinal-Duc à conserver à la France et à l'Eglise un si rare personnage. A la premiere occasion j'en veus entretenir bien au long Monseig[r] le Cardinal Barberin : J'ai dit au *Sr Mascardi* la bone volonté que vous aviez de le servir pour le debit de son livre (1), quoi que le temps semblast aucunement contraire. Son ouvrage s'imprime, et il y en a desja beaucoup de feuilles de tirées. J'ai fait voir au *Sr Pietro la Seine* (2) l'affection que vous lui portez ; il est à cette heure à Rome, et l'ai logé tout cet hiver avec moi à St-Pierre : Monseig[r] le Cardinal a l'intention de lui doner un evesché (3); aussi est ce un excellent home (4). Au reste j'attends avec impatience vostre avis sur ce que je vous escrivi par ma derniere touchant la dedicace de *ma version de la congiura di Fieschi;* et la proposition que je vous ai faite des eveschez : cependant je demeure,

Monsieur,

Vostre tres humble et tres obeissant serviteur,

BOUCHARD.

A Rome ce 4 avril 1636 (5).

(1) *Dell' Arte historica trattati V* (Rome, 1636, in-4°).

(2) Pierre Lasena, né à Naples en 1590, d'une famille française, est l'auteur de diverses dissertations *(Nepenthes Homeri; de iis qui in aquis pereunt*, etc.). Il exerçait à Naples, avec grand succès, la profession d'avocat, quand Bouchard le décida, en 1634, à se retirer des affaires et à transporter sa demeure à Rome.

(3) La Sena n'eut pas le temps d'obtenir cet évêché ; il mourut quelques mois après (3 septembre 1636) d'une fièvre bilieuse « à la fleur de son âge », selon la singulière expression de la *Biographie universelle*, qui oublie qu'à près de 50 ans on est déjà bien loin de l'*œtas florida*.

(4) Cet éloge en trois mots fut développé en seize pages par Bouchard, dans un opuscule intitulé : *Petri La Senæ vita, a Joanne Jacobo Buccardo conscripta* (Rome, 1637, in-12). Ce fut encore Bouchard qui composa l'épitaphe latine gravée sur le tombeau de La Sena dans l'église de St-André della Valle, à Rome.

(5) Bibliothèque nationale. Fonds français, vol. 9542, folio 73, autographe.

X

Monsieur,

Je vous rens graces infinies de ce qu'il vous a plu me faire la faveur de joindre vos prieres aupres de Mrs du Pui et Rigault pour obtenir d'eus copie de tout ce qui se treuve dans la bibliothèque du Roi touchant *Theophanes;* attendant apres cela pour faire *le discours de sa vie et de ses œuvres* qu'il faut absolument mettre au commencement du livre; et que je ne puis entreprendre que je n'aie auparavant de bones et authentiques pieces en main. Pour la *correction du texte du Theophane* si on la pouvoit avoir en le confrontant avec ceus de Paris; ce seroit une chose infiniment utile; pour ce que j'ai descouvert par certains fragments qui sont citez par ci par la de *Theophanes*, que le manuscrit de Paris où est le *Syncellus* tout entier et *Theophanes* en suite, est plus correct que les nostres de la Vaticane : neantmoins si c'est chose trop difficile, et qu'il vous plaise nous faire la faveur de nous envoyer *nostre manuscrit* par quelque voie bien sure, avec deus addresses, celle dedans à moi, et celle de dessus à Monseig[r] l'Eminentissime Cardinal Barberin : j'espere en tirer beaucoup de profit; et m'oblige a vous le renvoyer sous la mesme addresse de Monseig[r] le Cardinal avec toute sorte de sureté et de ponctualité. Pour ce qui est de faire *mention honorable de Mr Saulmaise* et de la courtoisie qu'il lui a plu nous faire; j'y suis tout resolu; mais je ne scai si nostre maistre du Sacré Palais me laissera faire. Quoi qu'il arrive je suivrai en cela vostre avis directement ou indirectement, et si vous croiez qu'il soit à propos *que je lui escrive là dessus, je le ferai.*

Je recoi avec mesmes actions de graces et admiration qu'auparavant, les *exhortations* dernieres qu'il vous plaist de me faire à la constance dans mon exil et ma pauvreté volontaire; et come je reconoi qu'elles sont fondées en bone et solide philosophie je me resous à les suivre : mais la corruption du siècle et de la court *munitæ adhibet vim sapientiæ*, et fait que *videam meliora probo Deteriora sequor* (1); l'occasion surtout m'a fait retomber aujourd'hui qui est telle.

Le *Père Gordon* confesseur du Roi; qui me fait la faveur d'avoir beaucoup de bone volonté pour moy et qui a desja jetté quelques fondemens aupres du Roi et de Monseig[r] le Cardinal Duc *pour l'affaire des Eveschez* dont je vous ai parlé autrefois; m'a escrit par ce dernier ordinaire, que je lui envoyasse *un certificat* de quelque personage dont la qualité, la vertu et le merite fust connu : par lequel il fist foi *come j'estoi capable de toute sorte de benefices et particulièrement d'Eveschez*, tant pour la qualité et l'âge, que pour la bonté de vie et de doctrine et me promet qu'ayant cette pièce en main, il se fait fort de faire reussir quelque bone affaire pour moi. Come je ne conoi persone qui ait toutes les conditions, que le Pere demande, en degré si eminent que vous, Monsieur; et qui m'ait fait la faveur de se hazarder à me prester des louanges si excessives et des tesmoignages si fort au dela de ce que je vaux aupres des grands; come il vous a plu faire aupres de Monseig[r] le Cardinal Barberin et autres personages de marque en cette court : aussi vous ais-je voulu communiquer ceci premierement qu'a tout autre : pour prendre vostre avis

(1) Bouchard a quelque peu modifié ces deux demi-vers, si souvent cités, de la *Médée* d'Ovide :

.... Video meliora proboque,
Deteriora sequor.

et vos ordres la dessus ; car de *vous prier qu'il plaise faire cette attestation pour moy*, mon peu de merite me fait craindre que ce ne fust vouloir engager vostre reputation et faire tord à l'estime que l'on fait par tout tres grande de vostre jugement et prudhomie. Neantmoins quand je considere d'un autre costé vostre extreme generosité, et voste bonté excessive, j'espere pouvoir obtenir de vous tout ce que vous jugerez estre dans les termes de l'honesteté et de la bienseance, dans lesquels je proteste aussi de restreindre toutes mes prieres. Que vous jugiez que celle-ci fust de cette nature, je vous supplie que la consideration de cette court ne vous empesche pas de me l'octroyer ; car si vous me faites la grace de m'envoier cette attestation, elle sera mandée tout à l'heure à Paris au Pere Gordon, sans que persone la voye ici et par ce moien l'on n'en pourra rien sçavoir : outre que quand l'on le descouvrirait ce qui me semble impossible ; persone ne peut treuver a redire qu'un *Padrone faccia fede ch' un suo servidore* soit capable de benefices et d'eveschez. Je vous sousmets neantmoins tous mes sentiments et mes interests à vostre volonté de la quelle je fais profession de dependre absolument, vous suppliant seulement de me la vouloir faire sçavoir à la prochaine commodité affin que je sache la response que je devrai faire au Pere Gordon. Je dis me la faire sçavoir, entendant par la qu'il vous plaise me la faire escrire (come aussi tout ce qu'il vous plairra doresnavant de me faire l'honeur de me commander) par vostre secrétaire : vous suppliant *de vouloir commencer par moi à vous descharger de ce travail pénible d'escrire tant de lettres* come je sçai que vous avez prins la peine de faire jusques ici. Ce me sera tousjours trop d'honeur : que quelqu'un des vostres me favorise d'un mot de lettre de temps en temps, pour me faire sçavoir l'estat de vostre santé, et ce qu'il vous plairra de m'ordonner pour vostre service, auquel je me sui entierement voué depuis l'heure que vous me fistes l'honeur de m'avouer,

Monsieur,

Vostre tres humble, tres obéissant et très obligé serviteur,

BOUCHARD.

De Rome ce 6 février 1637.

Come je fermoi ma lettre, *Mr Bourdelot* (1) m'a fait la faveur de me venir voir, lequel m'a fort assisté dans ma maladie qu'il y a tantost trois mois qui me dure, dont j'avoi grand besoing, ne l'ayant pas beaucoup esté d'autre part. Lequel s'estant treuvé surpris par l'ordinaire qu'il ne sçavoit pas devoir partir ; m'a prié de vous faire ses excuses et de vous baiser bien humblement les mains de sa part ; come il fait encore et moi avec lui à *Mr Gassendi* (2).

APPENDICE

I

A MESSIEURS DU PUY

Messieurs,

La puissance et la volonté que vous avés de bien faire à vos amis est si grande qu'elle agit en tout temps et en

(1) C'était Pierre Michon, dit l'abbé Bourdelot, né à Sens en 1610 et qui devait être, quelques années plus tard (1651), le premier médecin de la reine Christine. Il fut, ainsi que son oncle le philologue Jean Bourdelot, en correspondance avec Peiresc.

(2) Bibliothèque nationale. Fonds français, vol. 9542, fo 75, pièce no 47.

touts lieux, et j'en eusse sans doute ressenti d'aussi puissants effects aujourduy dans Rome, que j'ay fait autrefois à Paris, si le malheur qui me suit continuellement depuis ma naissance ne m'eut point voulu encore traverser dans cette dernière occasion qui s'estoit présentée de Monseigneur le Cardinal de Bagny, en laquelle il vous avoit pleu me favoriser de vos lettres de recommandations, desquelles je vous fait icy, Messieurs, mes tres humbles remerciements, vous en demeurant infiniment obligé, quoyque je n'aye pas tenté d'en tirer l'avantage que j'en pouvois espérer : pour ce qu'ayant communiqué de cette affaire avec Mr Naudé, il me donna avis que Mr son Maistre avoit augmenté sa famille de nouveau, avec dessein d'en demeurer là sans la charger davantage, et conclut qu'il estoit plus à propos pour vous, Messieurs, et pour moy de ne point presenter vos lettres, vous suppliant, Messieurs, de me vouloir reserver la faveur qu'il vous a pleu me faire cette fois cy pour une autre occasion, soit de Mr de Noüailles par Mr de Marli auprès de Mr de la Grillière, son cousin (1), et qui m'est ami; ou de Monseigr Bichi lorsqu'il retournera à Rome pour recevoir le chapeau que l'on luy a destiné icy (2), ou bien de quelque autre cardinal de vos amis. Car doresnavant pour moy, *extra Romanam Ecclesiam nulla est salus.* Il se presente une assés belle occasion de la place de Bibliothécaire de Mr le Cardinal Barberin vacante par la promotion de Mr Suarès à l'Evesché de

(1) On trouve mention dans les *Historiettes* de Tallemant des Réaux (t. III, p. 493), d'une Mme de la Grillière dont Du Moustier avait fait le portrait et avait écrit au bas de la toile : *Elle n'a oublié qu'à payer.* Etait-ce la femme du personnage nommé par Bouchard?

(2) Alexandre Bichi, évêque de Carpentras, nonce apostolique en France, fut nommé cardinal en 1634 et mourut à Rome en 1657.

Vaison, lequel fait touts ses efforts pour me substituer en sa place, et plusieurs autres personnes d'authorité en cette cour m'y aydent fort, entre autres il Sign^r^ cavalier del Pozzo et M^r^ le comte de Chateau-Vilain : mais outre cela, j'aurois encore besoin de quelque bonne recommendation de France, et si vous pouviés, Messieurs, me la procurer de quelqu'un de vos amis qui fut puissant auprès de M^r^ le Cardinal Barberin, je tiendrois l'affaire assurée : une petite lettre de faveur à Mr de Créquy là dessus me serviroit infiniment; en toute extrémité je vous prie de vouloir prier dans vos lettres M. de Peiresc de me favoriser en cecy auprès de M^r^ le Cardinal Barberin, car il y peut beaucoup.

Il me reste encore à vous faire deux prières, l'une de m'excuser si je me rend si importun; et l'autre de me vouloir faire la faveur de tenir tout cecy secret, et n'en parler à ame vivante, s'il vous plait, qu'à ceux qui m'y peuvent ayder; car autrement cela me pourroit beaucoup nuire à Rome et encore plus à Paris.

Je n'ay peu au reste encore m'acquitter de la commission dont je m'estois chargé de vous envoyer en grec les notes latines de musique que vous désirés; il n'y a icy Grec à qui je n'aye parlé, ou ils sont touts si miserables qu'ils songent plustost à pouvoir vivre qu'à chanter.

Il n'y a point de nouvelle plus fraîche que la venüe de M. de Crequy, qui a amené avec soi plus de cinq cents François *i quali hanno gi'à posta Roma Sotto Sopra*. Les Italiens s'émerveilloient que ceux qui vinrent cet hyver avec MM. de Vendôme portassent les collets si longs et les manteaux si courts, mais ils sont à cette heure bien plus effarouchés de voir que ceux-cy n'en portent point du tout, les ayant transformés en baudriers et espées; de sorte que l'on commence à appeler à Rome une espée *una cappa francese*. Parmy touts ces curieux, il y en a néantmoins quelque demi-douzaine de plus mitigés, et qui ne se tenant pas enfermés tout du long du jour dans le cabaret, et dans le bordel comme les autres, paroissent quelquefois dans la boutique *del Sole*, où ils font fleurir les espées murs de Paris. Videl et S. Amant (1) y président, et m'a-on dit qu'ils me veulent prendre pour leur assesseur, m'ayant desja erigé en bel esprit à mon desceu. Ce sera pour joindre a mes autres qualités d'*Humorista et Otioso*. Mais il y a icy un *Linceo* (2), à propos de Academiques, qui voit bien plus clair que touts ces gens cy avec ses lunettes d'approche qui ne leur ont pas néantmoins fait découvrir dans la Lune les trahisons que l'on luy a tramées à Rome, où il a esté appelé par ceux de l'Inquisition, lesquels l'ont mesme retenu prisonnier quelque huit jours, d'où il est maintenant dehors. Je le fus voir, l'autre jour, avec M. Doni et luy leus les louanges que certains maistres de vostre Académie m'ont escrites sur ses *Dialoghi del Flusso el Reflusso*, qu'il receut avec un extrême contentement. C'est le viellard le plus sage, le plus éloquent et le plus venerable que j'aye jamais veu, et qui a en sa façon et en ses termes je ne sçay quoy de ces Philosophes anciens ; aussi chés luy se fait le cercle *di tutti i virtuosi di Roma*.

L'on m'écrit de Naples que les...... (3) sont en peine pour avoir fait sortir *del Regno* quantité de marchandises sans payer la douane sous prétexte que c'estoient vestements sacerdotaux et, qui pis est, c'est que l'on a découvert qu'ils ont fraudé les gabelles du Roy, dont les offi-

(1) Marc-Antoine Gerard, sieur de Saint-Amant, de l'Académie française, alors âgé de 44 ans.

(2) Suivant une traduction marginale, ce membre de l'Académie des Lincei n'était autre que l'illustre « Galilei, » alors âgé de 71 ans.

(3) Ces points sont dans la copie. Faut-il, à la place de ces points, lire : *Jésuites ?*

ciers royaux sont en grande colere et ont dressé un bon procès.

Je vous prie de trouver bon que je salüe icy Mrs de Thou, Lullier, Rigault, Granier, La Mothe et Pellaut (1).

Rome, ce 18 juin 1633 (2).

II.

A M. de Valaves (3).

Monsieur, j'ay reconnu par vostre derniere du 6 aoust que vous estiés en peine de sçavoir quand nous fairions imprimer l'oraison funebre que j'ay faite pour feu M. de

(1) Nous avons déjà trouvé dans les lettres précédentes le nom de François-Auguste de Thou et celui de Nicolas Rigault. Lullier est François Luillier, un des héros des *Historiettes* (t. IV, p. 191-195). Granier est sans doute Auger de Mauléon, sieur de Granier, exclu de l'Académie française en 1636. La Mothe doit être François de la Mothe-le-Vayer, l'académicien. Je ne sais que dire de Pellaut. S'agirait il, par hasard, de l'abbé Pellet, qui, à cette époque, était chanoine de Notre-Dame-de-Paris ?

(2) Bibliothèque Méjanes. Correspondance de Peiresc, tome II, fo 410. Copie. Bouchard, en toute cette lettre, traite les frères du Puy comme s'ils avaient été au nombre de ses meilleurs amis. Sans doute, à cette époque, les doctes frères partageaient les naïves illusions de Peiresc. Plus tard, les choses changèrent singulièrement, comme Chapelain, le 15 janvier 1640, l'atteste en ces termes (*Lettres*, page 555) : « Ce que je vous puis dire de plus, c'est que son retour est appréhendé chés les frères Putéans et que son nom et ses gestes y sont en quelque sorte d'abomination assès pour faire croire qu'il y sera receu comme une vomique ou une peste. » Bouchard, à ce moment, d'après la même lettre, se serait brouillé avec le cardinal Barberin qui, pour l'éloigner de Rome, aurait eu la pensée de le faire nommer chanoine de Verdun.

(3) Palamède Fabri, seigneur de Valavez et de Calas, frère cadet de Peiresc.

Peiresc, vostre frere. Je me promest que vous en aurés receu à cette heure les exemplaires que je vous envoyay le 5 du passé par la voye de M. de Bonnaire, attendant avec impatience l'ordinaire d'Avignon pour sçavoir si vous aurés agréé ce petit temoignage de gratitude et de reconnoissance que j'ay essayé de rendre à la memoire de feu M. de Peiresc, pour tant d'obligations que je luy avois et auray toute ma vie, à son deffaut à touts ceux qui lui appartiennent et à vous, Monsieur, particulièrement.

Je m'attends aussi que vous me fairés la faveur de me mander vostre sentiment sur cette petite pièce et celuy de ceux à qui vous l'aurés communiquée, me promettant que vous aurés fait tenir les deux exemplaires à Mgr l'Evesque de Grasse (1) et à M. Gassendi, desquels je suis fort en peine de n'avoir receu aucunes nouvelles depuis plusieurs mois en ça. C'est pourquoy vous m'obligerés, Monsieur, de faire tenir cette lettre à Mgr l'Evesque et me faire sçavoir, s'il vous plait, le lieu où est maintenant M. Gassendi, et à quoy il en est de cette belle vie que tout le monde attend avec tant d'impatience, et quand vous la fairés imprimer et où, vous suppliant de vouloir vous ressouvenir alors de la priere que je vous ay faite dans mes dernieres, qui est de faire mettre derriere cette vie mon oraison, si tant est neanmoins qu'elle en soit jugée digne par dela, ce que je souhaite avec passion (2). Nostre seconde edition où se doivent mettre les compositions des Academistes n'est pas encore achevée (3); si tost

(1) Antoine Godeau, de l'Académie française, alors âgé de 33 ans.

(2) Nous avons vu *(Avertissement)*, que l'oraison funèbre, prononcée par Bouchard, fut imprimée *derrière* la vie écrite par Gassendi (1641) et réimprimée dans les éditions suivantes de cette admirable biographie.

(3) C'est l'édition du *Monumentam romanum*, recueil qui parut à la fin de 1638.

qu'elle le sera, je ne manqueray pas de vous l'envoyer.

Pour la prière que vous me dites avoir fait à Monseigneur le cardinal Barberin, pour la commende de M. du Puy St-Sauveur, je crains qu'elle ne soit sans effect, comme ont esté toutes celles que feu M. de Peiresc a fait si souvent à Son Eminence là-dessus et tant d'autres que touts les serviteurs et amis de ces Messieurs ont faites icy de temps en temps ; vous pouvant dire asseurement que tant que l'estat present des affaires durera icy, celle cy sera absolument impossible ; de sorte que toute la peine qu'on y prendroit doresnavant seroit entierement perdüe. Je m'asseure que Son Eminence ne vous faira aucune reponse là-dessus ; aussi ne luy en ay-je pas voulu parler, l'ayant fait tant de fois par le passé sans aucun effect. J'ay fait tenir vostre pacquet à M. de Bonaire à qui j'envoye, cette fois cy, le mien pour vous. C'est, Monsieur, vostre, etc.

De Fontenai Bouchard.

A Rome, ce 3 septembre 1638 (1).

III

Au père Petau (2).

Mon Reverend Pere,

Je vous envoie le tombeau de feu M. de Peiresc par le commendement de Monsgr l'Emme card[l] Barberin, mon Maistre, sous le nom et autorité du quel, je le viens de publier depuis peu à Rome. Je ne doute point, que vous

(1) Bibliothèque Méjanes, Correspondance de Peiresc, tome II, f° 324. Copie.

(2) Denis Petau, né en 1583, mourut en 1652. Je n'ai pas besoin de rappeler que l'auteur du *De doctrina temporum* fut un des plus grands savants du XVIIe siècle.

ne le receviez favorablement, vous venant de cette part, et estant fait pour une persone, dont la vertu et la doctrine sont cognues de tout le monde ; lesquelles lui avoint *(sic)* aussi particulièrement gaigné nostre amitié et notre estime : ce que jai *(sic)* n'ai pas obmis de marquer dans ce monument (1) ; me servant avec extrême contentement de cette occasion pour doner au public quelque tesmoignage de l'honneur et de l'amour que je porte à vostre haut mérite et profonde erudition, que je vous puis assurer, sans faire le flateur, estre autant prisée et cherie en cette court quen autre lieu du monde, particulièrement de Sa Sainteté ; à qui j'ai oui faire une éloge bien avantageus de vostre belle Paraphrase épique des Psaumes que vous lui avez dediee ; et de Monsgr l'Emme Cardl Barberin, lequel, depuis huit jours en ça encore, me loua fort les vers grecs, que vous lui veniez denvoier de vostre façon, en la louange de Ste Geneviève (2). Sur quoi je lui fis veoir une lettre de Mrs du Pui, que par hazard j'avois dans ma poche, ou ils me parloient aus mesmes termes de ces vers ; et d'un traité que vous avez fait sur l'explication de ce passage tant debatu de Tertullien Sacerdos es tibi solus : dont son Emce me dit qu'elle n'avoit pas encore entendu parler. Revenant au tombeau de M. de Peiresc : il est fait, come vous verrez, de trois pièces. La premiere est de ma façon, que je sousmets à vostre jugement, vous priant bien humblement m'obliger de me le faire sçavoir, la seconde

(1) Petau est nommé par Bouchard, à côté du P. Sirmond, du P. Mersenne, de Bourdelot et de Valois, parmi ceux avec qui Peiresc se lia, dès son premier voyage à Paris.

(2) Voir sur les vers composés par Petau, en l'honneur d'Urbain VIII et en l'honneur de Sainte-Geneviève, la *Bibliothèque des écrivains de la compagnie de Jésus*, par les P. P. de Backer et Sommervogel, t. II, 1872, col. 1902, no 38 et no 39.

apartient aux Académistes et la dernière est de mon invention et disposition, en quoi je confesse avoir prins beaucoup de peine, come en une chose, que je ne croi pas avoir jamais esté faite, et dont l'entreprise pourroit aussi difficilement reussir en autre lieu qu'à Rome (1). Vous me ferez une extreme faveur s'il vous plaist de prendre la peine de veoir toute cet ouvrage, et le faire veoir encore aux curieus qui cognois soient cet excellent home, a la mémoire duquel il a esté fait : et nous en mander vostre sentiment, lequel attendant avec désir, je demeurerai.

Vostre très-humble et très affectioné serviteur,

DE FONTENAI BOUCHARD.

A Rome, ce 24 février 1639.

Mon Révérend Pere,

Monsr Scoti Nonce de sa S[té] ameine avec lui le s[r] Gio Battista Lilli, que Son Em[ce] lui a doné, come un sujet qu'elle aime et estime infiniment pour sa vertu et la cognoissance qu'il a de la langue grecque et latine. Il vous viendra saluer, et je vous puis assurer que Son Em[ce] agreera grandement le bon accueil qu'il vous plaira lui faire.

A mon R. Père,
Le R. Père PETAU, de la compagnie de Jésus.
Avec un livre. A Paris (2).

(1) Ici trois mots grecs qui signifient : *la ville universelle.*

(2) Archives de la compagnie de Jésus, autographe. Cette pièce et la suivante m'ont été communiquées par mon cher et savant parent et ami, le R. P. C. Sommervogel, auquel j'offre mes publics remerciments, avec un redoublement de sympathie que comprendront tous les hommes de cœur.

IV

Au père Petau.

Mon R. Père,

Si j'ai esté si long temps a faire response a celle quil vous pleut me faire la faveur de mescrire, ce mois d'Avril dernier ; ça esté pour ce que j'avoi dessein de vous envoier quand et quand quelque résolution sur ce que vous m'ordoniez la dedans, et non pas par paresse ou negligence, vous assurant avec verité, qu'aussitost que j'eus receu cette lettre, qui ne fut qu'au mois de juin, je la fis veoir toute entiere à Monsgr l'Emme Cardl Barberin; lequel me tesmoigna estre infiniment satisfait de laffection que vous faites paroistre la dedans avoir pour lui, et de lestime que vous faites de sa vertu et de sa doctrine, et particulierement de l'amour qu'il porte a tous les gens qui en font profession. Son Emce me commanda de vous en remercier de sa part, come je fai ici, et de vous tesmoigner le regret qu'elle a, que vous n'aiez pu faire un tour à Rome, ou je vous assure que vous auriez trouvé de quoi paier vostre voiage, dans la grande quantité de livres Manuscrits et d'antiquitez, dont je croi qu'il i a plus en cette seule ville, qu'en tout le reste du monde. Nous avons esté en quelque façon consolez de la perte que nous avons faite de nostre persone, par la venue du P. Morin (1), a qui Son Emce a fait toute la bone récep-

(1) Le P. Jean-Baptiste Morin, de l'Oratoire, célèbre comme théologien et comme hébraïsant, naquit à Blois en 1591 et mourut à Paris en 1659.

tion qui estoit due à son mérite : jusques a l'avoir fait manger avec lui, qui est beaucoup en ce pais ci ; et de plus le logeant et le defraiant dans son palais de la chancellerie. Monsgr le Card[l] a receu vostre Diatribe de Potestate Consecrandi (1) dont il m'a aussi chargé de vous remercier. M. Olstenius ma dit qu'il attend au premier jour den recevoir deus autres exemplaires, dont il croit qu'il i en aura un pour moi : et du quel je vous remercie ici desja par avance, estimant et tenant tres cher tout ce qui vient de vostre part. Vous recevrez de Mrs du Pui un exemplaire de Sallustius (2), et des cosmographes pythagoriciens que Mr Olstenius a fait imprimer depuis peu : je l'ai envoié pour vous à ces Mrs par M. l'abbé de Champigni. J'ai esté infiniment aise de veoir que le monument que nous avons fait ici a la memoire de feu Mr de Peiresc, vous ait pleu. Mais vous m'eussiez beaucoup plus obligé, s'il vous eust pleu, me marquer en suite ce qui vous a depleu dans mon oraison, ce que je vous prie de vouloir faire à vostre premiere commodité. Pour ce qui est de l'office que vous avez fait pour Ste Genevieve nostre bonne patrone, il y a plus de deus ans que le R. P. Assistant me le mit entre les mains pour le faire veoir à Son Emce, laquelle me commanda que je la donasse au maistre du Sacré Palais, lequel, au bout de quelque temps, me dit quil y avoit accommodé quelque chose, particulièrement a l'hymne, la faisant finir come toutes les autres, par *Gloria Patri et filio*, ce que je fis sçaveoir au P. Assistant et depuis je n'en n'avoi plus entendu

(1) *De potestate consecrandi et sacrificandi sacerdotibus a Deo concessa : de que communione usurpanda, diatriba adversus novam dissertationem anonymi cujusdam*, etc. (Paris, Cramoisy, 1639, in-8°).

(2) Ici deux mots grecs pour indiquer le titre de l'ouvrage de alluste : *Traité des Dieux*.

parler, que cet hiver passé, que le livre fut remis a la congregation de Riti où Son Em[ce], après lui avoir montré vostre lettre, m'ayant commandé d'aller m'informer de lestat ou estoit cette affaire, j'y treuvé tant de difficultez, qu'il a falu que Son Em[ce] en ait fait parler par deus fois au Pape. Ces matières estant fort difficiles en ce pais, a cause de la conséquence : tout le monde voulant des offices particuliers pour ses saints, et aujourd'hui l'Empereur, le Roi d'Espagne et de Pologne les demandent pour St Wolfang, St Casimir et un autre dont je ne me souviens point, et je ne crois pas qu'ils l'obtiennent. Pour le vostre, après toutes les sollicitations et recommendations que nous i avons pu emploier, je croi que la congregation vous accordera les leçons particulières du second nocturne, l'hymne et les oraisons, accommodant en quelques endroits quelque petite chose selon quil en sera besoing. Le reste se pouvant prendre de l'office commun des vierges. C'est tout ce que je pense que nous pourrons obtenir. Vous me manderez, s'il vous plaist, vostre volonté la dessus, afin que je puisse faire expedier le decret. Nous n'avons ici rien de nouveau en matiere de livres. Monsg[r] le Card[l] ma commandé de faire un discours dans son Academie grecque sur Theophanes, pour précurseur de l'édition, ou je dois bientost mettre la main. Si vous aviez quelque vie ou autre memoire ms de St Theophanes dont la feste se celebre chez les Grecs le 12 de mars, vous m'obligeriez infiniment de me l'envoyer, ou au moins de me l'indiquer, vous promettant *profiteri per quæ profecerim.*

Je sui, Mon R. Père, vostre tres-humble et tres-aff[né] seraviteur.

De Fontenai Bouchard.

A Rome, ce 12 juillet 1639.

Je vous prie de me mander qui est l'auteur du traité sur le passage de Tertullien *tu tibi es sacerdos, tibi offers et tengis :* auquel vous avez respondu par vostre diatribe *de Potestate consecrandi* (1) come aussi les nouvelles de livres, et particulierement des vostres.

Au P. Père.

Le R. Père Petau, de la Compagnie de Jésus, à Paris.

V

A M. de Valavès.

Monsieur,

Vous aurez vu par ma précedente du 6 du passé, come le pape estant entierement resolu de ne plus accorder de commendes en quelque sorte que ce soit ; ne s'est pu laisser aller à nous octroier celle de Mrs du Pui pour cinq ou six annees, nonobstant les instances, que je vous pui assurer avec vérité avoir esté faites tres grandes de la part de son Em[ce], qui tesmoigne beaucoup de regret, de ne vous avoir pu rendre et à Mrs du Pui ce bon office. De sorte que vous n'en devez avoir aucun ressentiment contre lui, en vostre esprit, ni ne lui tesmoigner dans vos lettres. Je parlai la semaine passée a M[r] le Dataire, pour l'abbaie de Guistres, lequel me dit avoir proposé desja par deus fois cette affaire à sa S[té], laquelle n'i a point voulu prester l'oreille ; que neantmoins il lui en parleroit pour la troisieme fois, son Em[ce] le lui aiant commandé, avec une expresse recommendation ; dont j'ai averti Mr Jenel, qui donnera avis a Mrs de Segueran (2) de ce qui se passera. J'ai esté infi-

(1) Cet auteur était H. Grotius, dont l'ouvrage avait paru, l'année précédente, sous ce titre : *Dissertatio de S. Cœnæ administratione, etc.* (Amsterdam, 1638, in-8°).

(1) Il s'agit là de M. de Seguiran, premier président de la Cour des

niment aise d'apprendre lheureuse arrivée du bon P. Minuti (1) et qu'il vous tesmoigne estre satiffait de son Em[ce], il a raison de l'estre. Pour ce qu'il vous a peu dire du desir que j'ai eu de le servir, et de la passion que j'ai pour feu Mr de Peiresc et pour vostre persone, je sui infiniment marri de ne le pouvoir confirmer par les effects. Je sui en peine de la recheute de Mr Gassendi, lesquelles sont dangereuses cette année, et qui m'ont privé de deus ou trois de mes bons amis. J'espere neanmoins qu'il s'en relevera bientost, et nous donera cette belle vie que nous attendons avec tant d'impatience. Je vous remercie du beau sonet de Mr Chapelain, que j'ai fait veoir au Pape et à Mons[gr] le Card[l], lesquels l'ont treuvé tres bien fait (2); l'auteur, qui est mon tres intime ami, me l'a aussi envoié. Vous m'obligerez infiniment de m'envoier la relation qu'il vous plaist de me faire esperer, de ces antiquitez que l'on a descouvertes dans le Rhosne; vous priant de me vouloir aussi mander un petit mot d'amis sur ces deus filles que la gazette imprimée

comptes de Provence, et de son fils, c'est-à-dire du beau-frère et du neveu de Peiresc. On lit dans le livre VI de la vie de Peiresc par Gassendi : « *Et Abbatiam Aquistriensem ultro collatam voluit ejus ex sorore nepoti, ac præsidis rationum primi Henrici Seguirani filio.* » Antoine de Seguiran, fils de Henri de Seguiran et son successeur dans la première présidence de la Cour des comptes de Provence, prit possession de l'abbaye du Guitres le 22 novembre 1642 (*Gallia Christiana*, t. II. col. 880).

(2) Le minime Théophile Minuti fut un des plus zèlés amis de Peiresc. Son long séjour en Orient lui permit de fournir bien des renseignements nouveaux, et aussi bien des objets rares, à son correspondant. Le P. Minuti était provençal : il naquit à Brignoles (Var) et il y mourut en 1662.

(3) Je suis désolé de n'être pas de l'avis du pape, mais il m'est impossible de trouver ce sonnet *tres bien fait*. Voir une vive critique du dit sonnet dans une des *Lettres* de Jean Chapelain (p. 459). Conférez l'éloge qu'en a fait la complaisante amitié de Balzac *Ibid.* note 3).

a Paris dit estre nées en Provence qui sont attachées l'une à l'autre depuis la gorge jusques au nombril (1). Vous me ferez aussi faveur tres particuliere quand vous receuvrez des nouvelles de Paris, de m'en faire part pour ce que j'ai recognu qu'elles vous viennent de bon endroit. Car nous en avons fort peu, l'on attend bien tost la promotion qui sera de 18 chapeaus vacans (2) et le card[l] Araceli, a pensé i laisser le sien pour dix neufiesme, aiant esté tenu pour mort ici plusieurs jours : mais l'on a avis aujourd'hui qu'il se porte mieus (3). Il est arrivé ici en gentilhomme en poste de la part de M[r] l'Evesque de Meaus (4) ; on ne croit pas que ce soit pour demander le chapeau pour Mr Mazarin (5) ; je vous prie de me dire ce que vous en croiez. J'ai rendu toutes les lettres qui estoient dans mon paquet vous suppliant de vouloir faire tenir les mienes à Mr de Grasse. Vous avez ici une lettre de Mons[gr] le Card[l] de vieille date que ses secrétaires ne vous purent envoier par le dernier ordinaire et qu'ils m'ont priés de vou faire tenir par celui-ci. Je vous prie de me vouloir mander si vous avez quelques amis en Languedoc vers Narbone et Carcassone, qui puissent à vostre recommandation m'aider et assister en une affaire que j'ai contre un gentilhomme de ce pais la nomé de Narbone, fils

(1) On peut rapprocher de ce phénomène les deux jumelles Millie-Christine, nos contemporaines, et les deux jumelles hongroises des premières années du XVIIIe siècle dont il est fait mention dans le traité de tératologie d'Isidore Geoffroy Saint-Hilaire.

(2) Cette promotion que Bouchard croyait si prochaine, fut retardée jusqu'en 1641 et ne fut que de 12 chapeaux.

(3) Augustin Galamini, né en 1552, avait été nommé général de l'ordre de St-Dominique en 1608, et, en 1611, cardinal sous le titre de Sainte-Marie de Ara-Cœli. Il mourut le 6 septembre 1639, âgé de 90 ans.

(4) Dominique Séguier, qui siégea de 1637 à 1659.

(5) Jules Mazarin fit partie de la promotion de 1641.

de la femme du feu conte de Rieus (1) pour l'abbaie de St Pierre de Caunes au diocese de Narbone (2), que le Roi me dona l'an passé, et que ce gentilhomme me dispute pour quelque droit qu'il pretent avo' dessus ce benefice. Vous priant, si vous avez quelque habitude en ces quartiers là, qu'il vous plaise leur escrire, quils vous envoient une information particuliere de l'estat de cette Abbaie, de son revenu, sa situation ; et qu'ils vous adressent quelque bon religieus de St Benoist pour estre mon vicaire général, et quelque home riche et assuré, pour lui affermer l'Abbaie, si j'obtiens arrest du grand conseil en ma faveur, come j'espère, tout au plus tard dans la fin de ce mois. Je vous prie aussi qu'il vous plaise vous souvenir du Prioré de Plassan au Contat. Vous demandant pardon pour tant d'importunité, et m'offrant en revanche d'executer tous les commandements, dont il vous plaira de mhonorer en cette court, avec toute la fidélité et diligence, que vous pouvez desirer

Monsieur, de

vostre tres humble et tres obeissant seruiteur

De Fontenai Bouchard.

A Rome ce 3 septembre 1639. (3).

(1) Sans doute Saturnin Séverin de Narbonne, fils de Hector de Narbonne, vicomte de Saint-Girons, seigneur de Puy-Daniel et de Marguerite de Narbonne. Celle-ci étant devenue veuve épousa François de la Jugie, comte de Rieux. Précisément Saturnin, qui était grand archidiacre de Montpellier, fut abbé de Saint-Pierre de Caunes; on ne sait pas très-exactement quand commence et quand finit son administration (*Gallia christiana*, VI, 184.)

(2) L'abbaye de Saint-Pierre de Caunes au diocèse de Narbonne fondée vers 780. Voir *Histoire de l'abbaye de Caunes ordre de Saint Benoit, au diocèse de Narbonne, d'après les documents originaux* par Louis Béziat (Paris, Claudin, 1880, in-8°).

(3) Bibliothèque Nationale, fonds français, vol. 9537, pièce n° 97, autographe. Il n'y a pas d'adresse, mais tout démontre que la lettre a été adressée au frère de Peiresc, M. de Valavès.

VI

Une visite de Bouchard à Peiresc.

Je demandais, dans une des notes de l'*Avertissement*, si l'on savait ce qu'était devenu le manuscrit du *Journal ou Mémoires d'un voyage de Paris à Rome*. Le *Catalogue de la bibliothèque scientifique, historique et littéraire de feu M. Michel Chasles* (de l'Institut) répondit bientôt à ma question (1). Le manuscrit avait été acheté par le grand mathématicien à la vente de la collection Monmerqué. M. Claudin, complétant les renseignements que me fournissait le catalogue si bien dressé par lui, a eu l'obligeance de m'apprendre que le journal venait d'être acquis par M. Isidore Liseux, libraire éditeur, qui se propose de le publier en entier. M. Liseux a été assez aimable pour me permettre d'offrir à mes lecteurs le récit de la visite faite par Bouchard à Peiresc. Je ne saurais trop le remercier de la générosité et de la bonne grâce avec lesquelles il m'a communiqué ce récit qui, comme l'a dit M Claudin, dans son analyse du *Journal*, n'est certes pas la partie la moins intéressante d'un document que voudront lire tous les curieux du bon pays de France.

Gontaud, 30 juillet (2).

(1) Paris, A. Claudin, 1881, in-8°, page 61, article 657.

(2) M. Liseux m'apprend au dernier moment qu'il vient de céder le journal de Bouchard à la Bibliothèque nationale. J'avais dit *(Avertissement)* que Bouchard naquit à Paris on ne sait trop en quelle année. Ce fut le 30 octobre 1606, d'après la déclaration que me fait connaître M. Liseux, auquel je dois encore les notes qui accompagnent l'extrait que l'on va lire.

... Le dimanche 10 (1), après avoir passé quatre grandes lieues qui en vallent 5 de France, par un pais inegual, tantost montueus et tantost plat, plein de rosmarin, lavande, tim, myrte, laurier et lentisque, qui y croissent naturellement au lieu de brouissailles, lon fut ouir la messe à Lambesc à une eglise de Mathurins; laquelle expédiée, le moine (2) mangea amplement au *Chapeau rouge* (3) et but encore mieus d'un certain vin muscat nouveau excellent, comme disoint les autres; car Orestes (4) ne mangea point du tout, *per conto di sanità et di lesina* (5) et a presque tousjours depui observé cette règle de ne faire qu'un bon repas le jour, disnant ou soupant legerement lorsqu'il a ou bien soupé ou bien disné. A la sortie de Lambesc, lon treuve quantité d'oliviers, mais fort petits, de sorte qu'il semble proprement que ce soint des osiers. Après lon monte une colline chargée de rouvres, chesnes verds (deux especes de chesnes qui ont la feuille plus petite que les ordinaires, plus brune et plus lustrée; les chesnes verds l'ont encore moins large et descoupée que le rouvre, retirant fort au laurier), arboussiers (arbre fort beau, voyez-en la description au Recueil des Plantes, comme aussi des autres), storax, lentisques, lauriers, myrtes, rosmarins et pins. A la sortie de ce paradis, où regnoit le printemps mesmes au mois de Novembre, lon commence à descendre par la vallée la plus fertile, en blets, oliviers, fruitiers, vignes, figuiers, la plus delicieuse et agreable

(1) Novembre 1630.

(2) Un Jacobin réformé, qui faisait route avec Bouchard depuis Avignon.

(3) Hôtellerie.

(4) Ce pseudonyme de Bouchard est écrit en lettres grecques.

(5) Pour cause de santé et d'économie.

pour les herbes, et arbres odoriferans, et surtout pour la vue, qui s'estend jusques à la mer, à ce que lon dit, et qui descouvre toute la grandeur et circuit d'Aix, qui est au bas dans un fonds; où lon n'arriva que vers la nuit, quoy que lon ne conte que trois lieues de Lambesc à Aix, mais qui en valent tout au moins six ou sept de France, tout le reste des lieues de Provence valant le double et le triple de celles de delà Loire.

Toute la ville estoit lors en armes, le peuple s'estant souslevé pour un nouveau établissement d'eslus que le Roy vouloit faire en cette porvince, abolissant les estas ; en quoi la noblesse ayant grand interest, ces estas estans tenus par ceus de leurs corps, et qui par consequent leur aportoint grand gain et grand pouvoir, avoit rendu ces eslus si detestables et si horribles à la populace, qu'elle avoit formé un parti contre nommé le Cascaveau, à cause d'une sonette qu'ils portoint au bras pour signe, laquelle s'appelle Cascaveau en Provençal; et la sedition estoit si violente, que le premier président et quelques conseillers du parlement avoint été contraints de sauver leur vie par la fuite, leurs maisons ayant esté pillées, bruslées et abbatues tant aus champs qu'à la ville, pour un simple soubçon qu'on avoit qu'ils favorisoint le parti des eslus. L'image du Cardinal de Richelieu et du marquis d'Effiat avoit esté bruslée publiquement en la place. Orestes en cette rencontre couroit danger de sa vie s'il eust dit à la porte qu'il estoit venu à Aix pour parler à Mr de Peiresc, comme véritablement il venoit pour cela; ce qu'il n'eust pas manqué de dire et monstrer les lettres qu'il avoit de Paris pour luy, s'imaginant qu'elles lui serviroint de passeport, veu la qualité de conseiller, et la grande réputation qu'il avoit en cette ville ; mais ce Bouche (1) qui estoit venu

(1) Chanoine d'Avignon, originaire d'Aix.

d'Avignon avec Orestes, qui sans y penser luy avoit parlé du Sr de Peiresc, l'advisa qu'il eust bien à se garder de tesmoigner à la porte ni dans Aix qu'il eust seulement la cognoissance de cet honeste homme; lequel estoit suspect pour avoir traité chez luy le S[r] d'Aubray, maistre de requestes, qui avoit porté la commission des eslus, et qui fut contraint de se sauver par dessus les toits des maisons. C'estoit l'ancien ami de Mr de Peiresc, ayant fait le voyage d'Italie ensemble. De sorte qu'Orestes estant interrogé diligemment à la porte, où il y avoit double garde, d'où il venoit et qu'est-ce qu'il demandoit, dissimula tout, faisant entendre qu'il ne vouloit seulement que coucher, pour passer le lendemain à Tholon, où il vouloit s'embarquer ; et qu'il venoit de Lyon, ayant esté adverti par le mesme Aouche, qu'il ne fist paroîstre en aucune façon de venir de Paris, pour ce que tous ceux qui en venoient estoint suspects. De plus lon luy demanda à la porte si il n'avoit point rencontré par chemin les troupes de Monsieur frère du Roy, qu'on disoit venir pour assiéger leur ville ; auquel ils estoient resolus de fermer les portes, et au Roy mesme, ce disoint-ils, s'il venoit pour establir les eslus. Et passant par les rues, quantité de pauvres gens l'arrestoint par la bride, lui demandant si le Roy continuoit à vouloir les eslus, et juroint s'arrachant les cheveux, et foulants leurs chapeaux aux pieds, qu'ils se lairroint plus tost tous couper la gorge que de lés recevoir. Que si Orestes fust venu en compagnée de cet Advocat du Roy de Draguignan qu'il laissa à Lyon (1), et lequel venoit se faire recevoir en un office de procureur du Roy aus eslus, qu'il avoit levé aus parties casuelles ; ou bien que lon eust sceu à Aix qu'Orestes qui de bonne fortune avait changé de nom, se faisant

(1) Cet avocat était parti de Paris avec Bouchard.

appeler sur le chemin Naiocreuz (1) estoit fils d'Agamemnon (2) lequel avoit pris le parti des eslus du Languedoc et les avoit establis lésté precedent en cette province, qui se vouloit aussi rebeller lors à l'imitation de la Provence: le peuple l'eust asseurement deschiré et mis en pièces.

Après avoir soupé à l'hostellerie de la *Mule*, il fait porter les lettres d'Epicure (3) au prieur de la Vallette, pour lors grand vicaire de l'archevesque ; venerable vieillard fort versé aus sciences, principalement en l'astrologie, et qui tesmoigne, dans la franchise et simplicité de sa conversation, la sincérité et générosité de ses sentiments ; il envoya querir, à la prière que lui en fit Orestes, le chanoine de Bragemont, jeune gentilhomme, grand amateur des lettres, et qui a les bonnes opinions. Tous deux lui firent entendre comme le Sr de Peiresc se tenoit absent d'Aix en sa maison de Beaugensier (4) à... lieues de Tolon, à cause des soubçons que lon avoit qu'il ne favorisast les eslus : jusques là que le peuple luy avoit abbatu une maison dans Aix, qui estoit attachée à celle où il demeure, soubs pretexte qu'il l'avoit louée à un partisan des eslus ; et leur furie avoit passé jusques à un cabinet où le Sr de Peiresc tenoit quelques livres qui, ayant esté prins, luy furent par après reportez à Beaugencier : conseillants au reste à Orestes de partir le lendemain le meilleur matin qu'il pourroit, ne faisant nullement sûr en cette ville pour ceux qui venoient du costé de Paris ; et luy donnèrent des lettres adressantes à un juge de Tolon nommé

(1) C'est-à-dire Fontenai.

(2) Ce nom est écrit, dans le *Journal*, en caractères grecs.

(3) Gassendi. Le nom donné à Gassendi est écrit en lettres grecques.

(4) Bouchard écrit dans la suite *Beaugencier*.

Chabert, qni le meneroit à M. de Peiresc. Retournant le soir à l'hostellerie, Orestes ne vit que gens armez par les rues, et maisons ruinées et rasées jusques à une toise de terre.

....

....

Il estoit encore grand jour quand Orestes arriva à Tolon.......... Arrivé [là], il fut treuver ce juge Chabert pour qui il avoit des lettres ; duquel il receut toutes les courtoisies imaginables, l'ayant mesme fait souper et coucher chez luy : où coucha aussi avec Orestes le neveu de M. de Peiresc, fils de M. de Velavez, nommé le baron de Riants ; jeune homme fort simple, et qui n'a point de plus belle qualité que celle de gentilhomme. Le lendemain 13 novembre, comme ce baron et Orestes vouloint partir pour Beaugencier, où estoit M. de Peiresc, ils furent empechez par un bruit qui courut ce jour-là par la ville, que quatre cents hommes d'Aix venoint pour ruiner Beaugencier, et couper les oliviers d'alentour de Tolon, pour ce qu'ils ne s'estoient pas rebellez quand et quand eus ; mesme cette matinée là, Monsieur de Guise vint à Tolon voir les munitions et fortifications.

Enfin le lendemain, mercredi 14, ils partirent l'aprèsdisnée, passant par la Garde, la Valette et Soliez, qui se voit sur le haut d'une montagne, et dit-on que c'est une fort belle maison et delicieuse, appartenant au gouverneur de Tolon. C'est à deux lieues de Tolon, dans le plus beau pais du monde par la quantité d'oliviers, figuiers, lauriers, myrtes, grenadiers et orangers dans les jardins. A trois quarts de lieue lon passa une petite rivière nommée le Gapeau, qui va à Beaugencier, sur laquelle il y a des moulins à papier, qui s'y fait fort beau ; et un martinet à cuivre et un autre moulin à scier du bois. A un quart de lieue de là se treuve Beaugencier, village enfermé entre deus montagnes, qui a environ 250 foeus.

Monsieur de Peiresc retint le soir et le lendemain 15 tout du long du jour Orestes chez luy, avec toute la bonne chère et toutes les faveurs que l'on sçauroit souhaiter. Aussi est-ce un homme qui n'a pas son pareil en l'Europe pour la courtoisie et humanité, comme aussi pour la sagesse, science, curiosité de toutes les belles choses, et intelligence de tout ce qui se passe dans le monde : n'y aiant royaume, païs ni ville celebre, où il n'aye correspondance, et d'où il ne sache et n'aye tout ce qu'il y a de remarquable et de rare : soit par les gens de merite et de sçavoir avec tous lesquels il a commerce de lettres ; ou par des hommes qu'il tient exprès à ses despens sur les lieus. Aussi a-il le cabinet le plus curieus de l'Europe. Car pour les livres, il a une bibliothèque acomplie tant d'imprimez que de manuscrits, qu'il fait tous relier en marroquin rouge de Levant avec quantité de dorures : et tient à cet effet continuellement en sa maison deus ou trois bons relieurs. Pour les medailles et autres antiquités, il en a telle quantité, que lon luy desroba en un seul coup, il y a deus ou trois ans, trois cents médailles d'or. Les peintures sont infinies, entre autres les portraits des hommes illustres : comme aussi tous les ouvrages des autres arts nobles et curieus, dont il a toujours chez luy quelque excellent artisan. A cette heure, pour les choses naturelles, il a tout ce qu'il y a de rare et de curieux. Et ce qui est de plus excellent, c'est qu'il n'est nullement chiche de tous ces beaus tresors, mais il les communique et les envoye à tous ceus qu'il sçait en estre dignes, sans en estre prié mesme bien souvent : aussi est-il recognu partout pour l'unique fauteur et protecteur de tous les lettrez ; les aidant de livres, de credit et faveur; et quelquefois mesmes d'argent. Sa maison est la retraite et le rendevous de tous les ens de merite, principalement de ceux qui passent de

France en Italie et d'Italie en France ; et n'y a homme de vertu ou de qualité qui face ce chemin, sans excepter mesmes les princes, ambassadeurs, nonces et agents, qui ne le vienne salüer, et prendre de luy instruction et lettres d'adresse.

Ce fut aussi ce qui avoit fait venir là Orestes qui partant de Paris avoit pris Mrs du Pui et Rigault lettres de recommendation addressantes à lui. Il bailla à Orestes diverses lettres pour Rome, entre autres aux cardinaux Barberin et Bentivoglio ; et pour instruction, l'advisa qu'il ne parlast jamais ni de Dieu ni du Pape soit en bien ou en mal ; qu'il se vestit de long pour se rendre plus venerable, et s'exemter de despense et de desbauche ; qu'il hantast le moins qu'il pourroit les François, et qu'en pratiquant avec les Italiens, il ne s'embarquast jamais avec eus ni au jeu ni aux femmes ; qu'il leur deferast fort et les estimast. Après, il lui communiqua le peu de raretez qu'il avoit à Beaugencier, son cabinet estant à Aix, de sorte qu'Orestes ne put le voir. Entre autres il lui monstra quantité de commentaires Grecs ms. sur Platon, qu'il vouloit envoyer à Holsteinius ; un petit trépied antique ; et deux momies, dont l'une estoit toute entiere, estant encore envelopée de ces papiers ou chartes, ou incrustations qu'ils usoient en ces temps là : qui sont varieguées de jaune, bleu et rouge, avec quantité de bestes et hierogliflques. Orestes remarqua sur le front, l'estomac et le ventre, la figure d'un scarabeus ou fouillemerde. Le masque d'or ou d'argent qu'ils leur mettoint au lieu du visage, avoit esté osté ; elle estoit de demesurée grandeur. L'autre estoit sans cette première couverture, et la voyoit-on liée estroitement par tous les membres de petites bandes estroites de linge, avec lesquelles ils attachoint à la chair les drogues préservatrices de corruption, dont ils la farcissoint aussi par dedans ; elle avoit des petits idoles touts vers dans le ventre. Outre ce, il monstra la caisse exterieure de bois dans laquelle ils enfermoint les corps : ce sont deux morceaus de bois creusez par dedans, et taillez grossièrement par dehors en forme d'un homme enseveli ; soubs le menton il y avoit une petite eminence de bois de deux doigts. C'est la marque du masle, disoit le Sr de Peiresc : peut estre que cela veut représenter la barbe. Il avoit eu toutes les peines du monde d'avoir cela : car, outre les deffences qui sont expresses en Egypte de n'enlever aucun de ces corps, les mariniers ne s'en veulent point charger, disant que cela fait exciter des tempestes extraordinaires et noyer le vaisseau où ils sont.

Ensuite il luy monstra ses fleurs, dont il a tres grande quantité de fort belles et rares ; puis ses arbres, et orangers dont il a une infinité de sortes : entre autres il a toute une palissade d'orangers de la Chine, qui demeurent toujours bas, ont la feuille fort petite, et qui se tond comme du bouis. Ils portent un fruit excellent et musqué. Il le faut menger avec l'escorce mesme. Son enclos n'est pas fort grand, estant entre des montaignes ; la rivière passe au travers, où il y a de fort bonnes truites. Le bastiment n'est pas somptueus, mais commode ; de sorte qu'il y a toujours un appartement vide pour les estrangers : quoy que son frère le baron de Velavez loge en cette mesme maison avec sa femme, son fils, et de plus sa bru depuis que Mr de Peiresc a eu marié son neveu, auquel il a donné son office de conseiller, faisant dessein de ne plus retourner à Aix, mais de demeurer à Beaugencier et y faire venir son cabinet. Ils vivent ainsi tous ensemble là-dedans à l'antique, n'y ayant jamais eu de partage entre les deus frères ; de sorte que par cette communauté et bonne intelligence, ils menent une vie de prince avec six ou sept mille escus seulement qu'ils ont de revenu en tout : tenant tousjours cinquante personnes dans la maison, faisant des despences excessives à entretenir tant de correspondances dehors, et achepter livres et autres curiositez ; envoyant des presents à quantité de gens de qualité éminente, et logeant et traitant tous les honnestes gens qui passent.

Toutes ces généreuses actions ressentent bien l'ancienne noblesse d'où ils sortent. Et Mr de Peiresc est l'aisné de la famille, ayant environ 53 ans ; il est de stature haute et menue ; le visage long et mélancoliq, le poil chastain clair ; fort posé et respectueux en sa conversation, mais qui a la mine de se faire fort respecter dans la maison, ayant un certain air imperieus. Ses discours sont libres et gays sans beaucoup de scrupule, quoy qu'il face dire tous les jours la messe en sa chambre. Mange fort peu et ce du mouton bouilli seulement. Dort peu, estant subjet à une suppression d'urine qui l'incommode. Son principal exercice sont les livres ; et les lettres qu'il faut qu'il escrive continuellement : en quoy il garde cet ordre-cy. Il corrige, note et apostille toutes celles qu'il reçoit, puis les fait transcrire dans un registre, comme il fait aussi de toutes celles qu'il envoye ; et n'escrit jamais à un lieu, qu'il n'envoye des lettres à tous ceux qu'il y cognoist.

Dès sa jeunesse il commencea cette vie studieuse, et pour ce ne s'est jamais voulu marier, et a toute sa vie haï et mesestimé les femmes. Mr du Vair, venant à estre premier président à Aix, gousta tellement son esprit, qu'il l'eut toujours à manger chez luy pendant qu'il fut en Provence ; et estant appelé à la court à la charge de garde des sceaux, il l'emmena avec soy, où il luy fit avoir l'abbaye de Guistre, qui ne vaut néantmoins que mille escus de rente ; elle est pres Bordeaus.

Le 16, estant retourné de Beaugencier, il [Orestes] fut voir hors du port de Tolon un grand vaisseau de guerre, etc. . . . .

www.ingramcontent.com/pod-product-compliance
Ingram Content Group UK Ltd.
Pitfield, Milton Keynes, MK11 3LW, UK
UKHW021111290826
14628UKWH00014B/1584

9 782013 610063